狩勝峠・日勝峠付近
石勝線
占冠
しむかっぷ
道東自動車道
占冠
トマム山
トマム
274
237
38
佐幌
坊主山
ハッタオマナイ岳
穂別
日高
宿弗山
274
日勝
北日高岳
雲知来内岳
沙流岳
しみず
ペンケヌーシ岳
荷負
雁皮山
シキシャナイ岳
237
糠平山
チロロ岳
芽室岳
貫気別
平取
二岐岳
久山岳
北日高
帯広JCT
芽室帯広
ピパイロ岳
北戸蔦別岳
剣山
めむろ
芽室
38
貫気別山
戸蔦別岳
伏美岳
リビラ山
幌尻岳
上美生
神威岳
帯広
おびひろ
(無料区間)
日高自動車道
ピウ岳
エサオマントッタベツ岳
イドンナップ岳
厚賀
日高厚賀
札内岳
十勝幌尻岳
帯広川西
カムイエクウチカウシ山
236
笹山
新冠
1823峰
中日高
幸福
にいかっぷ
コイカクシュサツナイ岳
中札内
中札内
1839峰
ヤオロマップ岳
しずない
静内
ペラリ山
上札内

北海道夏山ガイド 4

日高山脈の山々

幌尻岳とユキバヒゴタイ

目次

（表紙写真）
表 チロロ西峰から幌尻岳方面を望む
裏 ササをかきわけ神威岳を登る
（目次写真） 新ひだか町三石からの南日高展望

本書のねらいと利用法

■はじめに

北海道初の山のガイドブックは1960年発行の「北海道の山」(一原有徳著=山と渓谷社)と「北海道の山々」(札幌山岳クラブ著=朋文堂)で、登山愛好家には待望の書がほぼ同時に発行された。以後コンスタントにガイドブックが発行されてきたが、人気のある山が繰り返し取り上げられ、目立たない山は日の目を見ることはなかった。

本書は登山人口が増加し、山の情報が求められていた1980年代後半、道内すべての登山道のある山の完全紹介を目的に発刊された。以降、約30年にわたり増刷、改訂をしながら今日に至っている。発刊当時はインターネットなどない時代であり、自分たちで取材を楽しみ(苦しみ)ながらの編集作業であった。一方で各市町村や山で出会った登山者に多くの情報提供のご協力をいただき、そのおかげで未知の山をたくさん知ることもできた。ここに深くお礼を申し上げたい。

■編集方針

①取材に基づいた情報提供

著者3人で手分けして取材登山を行い、最新情報の提供を心がけた。しかし、数年がかりの取材の間に状況が変化していることも多い。確認した分については増刷、改訂の際に修正しているが、完璧を期するのはなかなか難しい。これはガイドブックの宿命であり、特に昨今の情報化社会のなかでは避けがたい課題でもある。利用者もそれを理解のうえ情報確認を行って活用してほしい。

②新しい山の紹介

過去にガイドブックで紹介されたことのない山、多くの人が存在さえ知らない山は非常に多い。このシリーズでは過去に紹介されたことのない山の紹介に力を入れた。情報が不正確で無駄足を踏んだり、すでに廃道になって登れなかったことも再三あったが、苦労のかいあって、よい情報を提供できていると思う。

まだ著者らの知らない山があると思うが、ご存知の方はぜひ編集部までお知らせ願いたい。

③登山グレード

紹介するコースは超初心者向きから超上級者向きまでかなりの差がある。初心者が難しい山に挑んで遭難する心配もあるので、本書ではコースを初・中・上級に分けて評価し、実力に合った選択ができるようにした。

コースごとに評価表を付したほか、コースタイトルの色を初級は赤、中級は緑、上級は青で色分けした。ただし、縦走コース途中の特定区間を紹介する場合は評価は行っていない。

④詳細な説明

簡潔すぎるガイド記事は不安を募らせるものだ。逆に詳細すぎる記事は未知に対する興味をなくする欠点もあるが、本書では「独力登山」にウエートを置いているので、写真の多用、イラスト地図の使用などにより、多くの人が理解できるように心がけた。

⑤イラスト地図の使用

地図は縮尺が正確な平面図にするか、尾根や谷が直感的に分かる鳥瞰図にするか悩んだが、初心者には後者のほうが地形の概念が把握しやすいと思い、こちらに決定した。

イラスト地図は、当初は手書きだったが、現在はコンピューターで地形の３Ｄ画像を作成している。詳細な標高データにより、かなり精緻な画像が得られる。しかし無地の味気ない画像なので、樹林、岩場、雪渓、川などを、地形図や航空写真を参考にレタッチして作成した。

なお実際の登山では、国土地理院地形図など詳細な地図を携行し、現在地やルートを確認するようにしてほしい。

⑥マイカー情報の提供

北海道では公共交通機関を利用して登れる山は少なく、ほとんどの山はマイカーに頼らざるを得ない。幹線道路から何度も分岐する林道に入り、満足な案内標識もないことが多いから、登山口に着くまでが結構大変である。特に林道については、路面状況や災害などによる通行止め、ゲートの施錠状況などの情報も必要である。

本書ではアプローチを20万分の1地勢図を利用して案内するほか、本文でもマイカー情報を提供する。ただし、道路状況の変化が激しいので、最新情報を知りたい場合は所轄の森林管理署などに照会してほしい。

⑦紹介する山の範囲

登山とハイキングの区分は難しいが、本書では低山であっても登山の色彩が濃い場合や、山々の展望が素晴らしい場合は対象とした。

また、標高が高くても、頂上まで車道が付き、車で上れる場合は対象から外した。
⑧コースタイム
一般のガイドブック同様、コースタイムは標準的体力の人が日帰り装備で登ることを前提とし、休憩時間を含まない実登山時間で表した。

山中泊が前提となる山は縦走装備でのタイムとなり、その場合はその旨を示し、コースタイムは赤文字で示した。縦走のコースタイムはおおむね日帰りの1割増だが、縦走日数、荷物の量によりさらに異なるので、ひとつの目安にしてほしい。
⑨川などの呼称
従来「○○沢」と呼ばれていた川が近年の地形図では全道的に「○○沢川」に改名されている。同じ意味の沢と川を重ねて使うのはおかしいと思うが、国土地理院に聞くと地方自治体が決めた名を使っているという。この変な名には多くの人が批判的で、本書でも従来の「○○沢」に統一している。

また、旧来使われていた○○沢などの名称は、○○川一の沢川などという味気ない新名称への置き換えが進んでいるが、本書と地形図の名称がまったく共通性のないものになっては混乱を招くので、新名称を使うことにしている。

■刊行内訳

第1巻　道央の山々
第2巻　表大雪の山々
第3巻　東・北大雪、十勝連峰の山々
第4巻　日高山脈の山々
第5巻　道南・夕張の山々
第6巻　道東・道北・増毛の山々

土石流に埋もれた芽室川と損壊した山小屋芽室岳

2020年の改訂にあたって

近年の集中豪雨、特に2016年夏に北海道を襲った連続台風は、本書で収録した日高山脈や3巻の東・北大雪をはじめ、道内各地の山にも大きな災害をもたらした。特に林道の崩壊・流失は深刻で、いまだ復旧のめどが立たずに通行止めとなっている所は多い。

しかし、山によっては登山道自体は大きな影響がなく、通行止め区間を徒歩でアプローチして登山を試みる人も出てきている。森林管理署など林道管理者は「安全が確保できない以上、徒歩も含めて通行を自粛してほしい」というスタンスであるが、一方で「自己責任で」という登山者に対して「禁止」とまでは言えないとのことだ。

その上で、入山する場合はモラルある行動——適切な現地判断、関係車両の妨げにならない駐車や行動など——を心がけてほしいとのことである。

本書としてもこれらの山々への入山を無制限・無条件に推奨することはできない。しかし、相応の経験と判断をもってすれば登れる山があるのは事実であり、それを一律的に「通行止め」のひと言で済ませる、あるいは削除してしまうのもいささか不誠実だとも思う。

これらを踏まえ、本改訂版では林道通行止めなど入山に支障のある山についてはページ上部を赤帯で示し、注意事項を付した。また、特に被害が大きく、入山が一般的ではない場合は「入山困難な山」としてダイジェスト的な紹介にとどめた。これらの山への登山を検討する際は、パーティの力量を熟慮し、さらなる状況変化や不測の事態も想定して慎重に判断されたい。

時がたてば復旧や新たなコースの定着の可能性、あるいは逆に廃道化など、何らかの方向性が見えてくると思う。本書も常に状況変化に敏感であり、今後の改訂に反映させていくつもりである。

本書で紹介した主な登山口への林道状況問い合わせ先

■森林管理署管轄内の林道に関する通行規制のサイト
https://www.rinya.maff.go.jp/hokkaido/apply/nyurin/nyurin_kisei.html
※「北海道森林管理局　登山等に関する通行規制等について」で検索可能

■芽室岳、伏美岳、ピパイロ岳、十勝幌尻岳
十勝西部森林管理署☎ 0155-24-6118

■ペンケヌーシ岳、チロロ岳、北戸蔦別岳、ヌカビラ岳、戸蔦別岳
日高北部森林管理署☎ 01457-6-3151

■幌尻岳（額平川）
平取町まちづくり課☎ 01457-2-2221

■カムイエクウチカウシ山、コイカクシュサツナイ岳、ヤオロマップ岳、1839峰
十勝総合振興局帯広建設管理部事業課
☎ 0155-26-9222

■イドンナップ岳、幌尻岳（新冠）、ピセナイ山、ペテガリ岳（西尾根）、神威岳
日高南部森林管理署☎ 0146-42-1615

■楽古岳（メナシュンベツ川）
日高振興局森林室道有林管理センター
☎ 0146-22-2451

■ピンネシリ
様似町建設水道課☎ 0146-36-2115

※林道を使わない登山口は省略した。

刃物のように鋭い尾根と日高ヒダ。ペテガリ岳東尾根

日高山脈のあらまし

■ 地理

日高山脈は佐幌岳から襟裳岬まで約140キロにわたって連なる長大な山脈である。

その地形は険しく山脈の東西を結ぶ車道は、北の国道274号（日勝峠）と南の国道236号（通称天馬街道）に限られる。山脈中央を横断する計画で反対の声の多かった道道静内中札内線（通称日高横断道）は、建設途中の2003年に事業が中止となった。

日高山脈は北日高、中日高、南日高などに分けて呼ばれるが、本書では北から「狩勝峠・日勝峠付近」「北日高」「中日高」「南日高」の4ブロックに分けて紹介する。

■ 山脈の成因と氷河活動

日高山脈の成因は、移動するプレートに乗って西進してきた千島弧の一部が北海道に衝突し、地下深部をも巻き込んで隆起したと考えられている。その際、地表に現れたマントルの一部がアポイ岳や戸蔦別岳などで見られるかんらん岩であり世界的に希少とされる。

隆起した山脈は氷河や川の浸食を受け、深いV字型の谷と急峻《きゅうしゅん》な痩せ尾根を形成し、日高山脈独特の景観をつくり出した。

また、日高山脈の大きな特徴にカール（圏谷）地形がある。第4期後半の氷河期に、山岳氷河が流下しながら山体を浸食した跡で、巨大なスプーンでえぐったようなくぼ地となっている。周囲はカー

カムイエクウチカウシ山の八ノ沢カール

ルバンド（カール壁）に囲まれ、くぼ地を成すカールボーデン（カール底）の下流側に氷河が山体を削った際に堆積した岩屑《がんせつ》＝モレーンが見られるのが典型的な姿だ。

カール地形が見られるのは北日高の北戸蔦別岳周辺から南日高のトヨニ岳付近までの間で、地形図を丹念に見ると、多数のカール地形を見つけることができる。

地名

山名や河川名の多くは響きの美しいアイヌ語である。カムイエクウチカウシ、エサオマントッタベツ、コイボクシュシビチャリなど、いかにも日高にふさわしい響きを感じる。

漢字の地名も多くはアイヌ語への当て字であることが多いが、その後日本語読みとなって定着したものもある。ピパイロに当てられた「美生」が、麓の地名では「びせい」と読むのはその一例だ。

日高側南部にはピウ、エチナンゲップ、レサッピなど変わった山名をいくつも見つけることができ、これらも興味深いところだ。

遥かなる山

日高山脈が登山の対象となり始めたのは大正末期で、当時は数十キロの沢を詰めて頂を目指した。

昭和初期には北海道大学と慶応大学が夏冬を通して初登頂争いにしのぎを削った。もっとも奥深く困難とされたペテガリ岳の厳冬期初登頂は、1943（昭和18）年1月に北大が成功したが、その前の40年に目指した時には8人の雪崩死亡者を出している。

戦後間もない47年暮れから早稲田大学が1カ月がかりで長大な東尾根からペテガリ岳に登頂したの

幌尻岳の額平川コース。小屋までは沢登り

も有名な話で、この尾根は今でも早大尾根と呼ばれている。

他の山域と一線を画す困難度

その後、森林伐採や水力発電用ダムのための車道が沢の奥深くまで延び、核心部にあっても一般登山者が登れる山が増えた。それでも、他の山域に比べればいまだに登山道がある山は限られ、原始性色濃い山域といえる。

比較的容易な山としては、南端のアポイ岳、ピンネシリ、北部のペケレベツ岳、剣山などが挙げられる。これらはアプローチが短く、登山道の整備状況もおおむねよい。

奥深い山では登山道があるとはいえ、日高的要素の濃い非常にハードな登山を強いられる。幌尻岳（新冠コース）や神威岳のアプローチでは、険しくカーブが続く林道を数十キロも運転しなければならない。あるいは長い林道歩きや前山越えが必要となる山も多い。

沢歩きも多い。「夏道コース」といっても道があるのは尾根筋だけで、そこへ至るまでの沢筋はほとんど沢登りに近い。増水時には渡渉もままならなくなり、十分な注意と余裕ある計画が必要だ。

増水時や融雪時に何もかも押し流してしまう沢筋では、恒久的な標識や橋の設置は難しく、大きな岩にペンキで矢印を書くのがせいぜいといったところだ。渡渉を繰り返すコースでは渡渉点の見極めが必要になるなど、しっかりした判断力も要求される。

また、尾根に取り付いてからも登山道が不明瞭であったり、アップダウンの激しい尾根でかすかな踏み跡を頼りにハイマツこぎを強いられたりする。日高の道は決し

一般開放していても険しい林道もある。神威山荘への元浦川林道

て普通の登山道と同一視できないことを認識しておく必要がある。

日高山脈の縦走

日高山脈で夏山縦走が可能なのは、おおむね北日高のピパイロ岳から南日高のペテガリ岳までである。この間でも戸蔦別岳〜エサオマントッタベツ岳間は猛烈なブッシュで、夏に縦走する人はまずいない。

縦走路といっても行政機関等による道の整備は一切なく、人の通行によってのみ保たれている、いわば体のいい踏み跡である。大雪山のように足だけで歩けるのは全体の10分の1程度だろうか。あとは腕も駆使してハイマツをかき分けたり、ダケカンバ林ではくぐったりまたいだりと過酷な行程だ。

また国境稜線上に水場はないので、担ぎ上げるかカール底や源頭まで下って得る必要がある。あらかじめどこでどのように得られるか調べ、準備ができないようでは日高山脈の縦走は諦めるべきだ。

アプローチと登山手続き

山脈北端と南端以外の奥深い山は、主に森林管理署が管理する林道から入山することが前提となる。現在道内の林道には3つの区分がある。一つは登山などレクリエーション需要が高く常時ゲートを開放している林道（本書に紹介する登山口のほとんどはこれに該当する）。ただし、災害の危険性など状況により閉鎖することがあるので、事前に確認すべきだ。

ほかの二つは安全確保ができないなど通行に支障があり一般開放しない林道、および普段は施錠しているが届け出により通行できる場合がある林道である。詳しくは当該の森林管理署や支所に問い合

ヒグマの掘り起こしとふん。湿っているなど真新しければ要注意

わせをしてほしい。

また、警察への登山計画書も必ず提出したい。道警ホームページのオンライン登山計画書フォームを利用すると便利である。

■動物

日高山脈での動植物の調査は、地形の険しさが災いして、あまり進んでいないという。

アポイ岳で高山蝶《ちょう》の新種ヒメチャマダラセセリが北大昆虫研究会によって発見されたのは72年のことだ。当時、国内でチョウの新種発見はもうないと考えられていただけに昆虫マニアを興奮させた。ダイセツタカネヒカゲ、カラフトルリシジミの分布が確認されたのも比較的最近のことである。

野生動物ではナキウサギ、エゾシカなどがいるが、登山者にとって最も気になるのはヒグマであろう。日高山脈はヒグマが多い。著者のひとりは1度の登山で3回、計5頭を目撃している。「カールに張ったテントをヒグマのために撤収できず放置して下山」「縦走路をクマがうろついて下山できない」などという話はよく聞く。

ヒグマに襲われた事件では70年にカムイエクウチカウシ山で福岡大の学生3人が殺害された事件が有名だ。半世紀近くたった2019年、同じカムエクで2件のヒグマによる人身事故が発生している。

ヒグマとの遭遇は極力避けるように心がけなければならない。そのためには、①音を出して人間の存在を早くヒグマに知らせる②存在を知らせても逃げないヒグマからは速やかに遠ざかる③残飯などは持ち帰り、人間の食べ物の味を覚えさせない④掘り返しやふんな

日高山脈の広い地域で見られる固有種ヒダカゲンゲ

どヒグマの新しい痕跡のある場所での幕営は避ける⑤黎明《れいめい》、薄暮時の行動は控える⑥子連れのヒグマには絶対に近づかない——などが挙げられる。遭遇の確率が高いのはカール底、沢の源頭、林道などである。

エゾシカについてはその増加に伴い林道で出合うことが珍しくなくなった。車が接近しても逃げず、衝突に注意したい。山中では紛らわしいシカ道も増えている。

また、マダニも要注意である。不快なだけでなく、感染症の媒介も伝えられている。これまでは主に南部で、春先から初夏に多かったが、近年はいつでもどこでもといった傾向にあるようだ。肌を露出しない服装を心がけ、行動中は付着していないかまめに確認。かまれた場合は無理に取らず、皮膚科で処置してもらうのがよい。

■植物

十勝側では針広混交林が広く山腹を覆っているのに対し、日高側には所々にトドマツ、エゾマツを主体とした針葉樹林が見られる。特に沙流川源流原始林は天然記念物に指定されているほどだ。また日高側南部では幌満ゴヨウマツ自生地も天然記念物になっている。

樹林帯も高度を増すとダケカンバ林へと移行するが、日高山脈では広葉樹のダケカンバが極相林を形成しているのが大きな特徴だ。

高山植物ではカムイビランジ、ヒダカイワザクラ、ヒダカゲンゲ、ヒダカミネヤナギ、ヒダカアザミなど日高固有の植物がある。また超塩基性岩のかんらん岩からなるアポイ岳はヒダカソウなどの固有種や珍しい植物で有名である。

登山コース評価の見方

本書では各登山コースを初・中・上級に分け、コース名の枠色をそれぞれ赤、緑、青で色分けした。設定はできるだけ客観的な評価となるように、各要素を数量化した独自の評価表をつくり決定した。ここでいう上級とは北海道の夏山の登山道のあるコースで最も困難なものを上限としたので、沢登りや岩登りによる登山、あるいは道外の登山にはあてはまらない。標高差、登山時間は山中泊の場合も含め、出発点から山頂までの合計を基準とした。また、7、8月ごろを前提としており、残雪期の雪渓歩行などによる難度の変化は各自で判断してほしい。

<table>
<tr><td rowspan="2">体力</td><td>必要体力＝標高差</td><td>300m未満
30点</td><td>300m～600m未満
35点</td><td>600m～900m未満
40点</td><td>900m～1200m未満
45点</td><td>1200m～1500m未満
50点</td><td>1500m以上
55点</td></tr>
<tr><td>登山時間加算</td><td colspan="2">長時間登山とキャンプ用具等運搬に要する体力を加算</td><td>3時間未満
D　0点</td><td>3時間～5時間未満
C　5点</td><td>5時間～8時間未満
B　10点</td><td>8時間以上
A　15点</td></tr>
<tr><td rowspan="3">判断・技術力</td><td>高山度＝山の標高</td><td colspan="2">標高の上昇に伴う気温低下、気象の激変判断</td><td>600m未満
D　0点</td><td>600m～1100m未満
C　5点</td><td>1100m～1600m未満
B　6点</td><td>1600m以上
A　10点</td></tr>
<tr><td>険しさ</td><td colspan="2">岩場、ガレ、雪渓等</td><td>D　0点</td><td>C　5点</td><td>B　6点</td><td>A　10点</td></tr>
<tr><td>迷いやすさ</td><td colspan="2">迷いやすい地形や道路状況等</td><td>D　0点</td><td>C　5点</td><td>B　6点</td><td>A　10点</td></tr>
<tr><td colspan="2">総合点</td><td colspan="6">合計の端数を５点単位に整理して表示する</td></tr>
<tr><td colspan="2">備考</td><td colspan="6">本文の表では必要体力以外は各点を低い順からＤＣＢＡで表示</td></tr>
</table>

初級（30点～50点）	中級（55点～70点）	上級（75点～100点）
【例】　写万部山(35)	【例】　旭岳(55)	【例】　芦別岳(75)
樽前山(40)　塩谷丸山(40)	恵庭岳(60)　夕張岳(65)	利尻山(80)　トムラウシ山(85)
黒岳(45)　雌阿寒岳(50)	斜里岳(65)　石狩岳(70)	幌尻岳～戸蔦別岳(100)

※幾つものピークを登る場合はピーク間の落差を加えた「獲得標高差」で判断する

狩勝峠・日勝峠付近

ペケレベツ岳から望む十勝連峰

狩勝峠・日勝峠付近

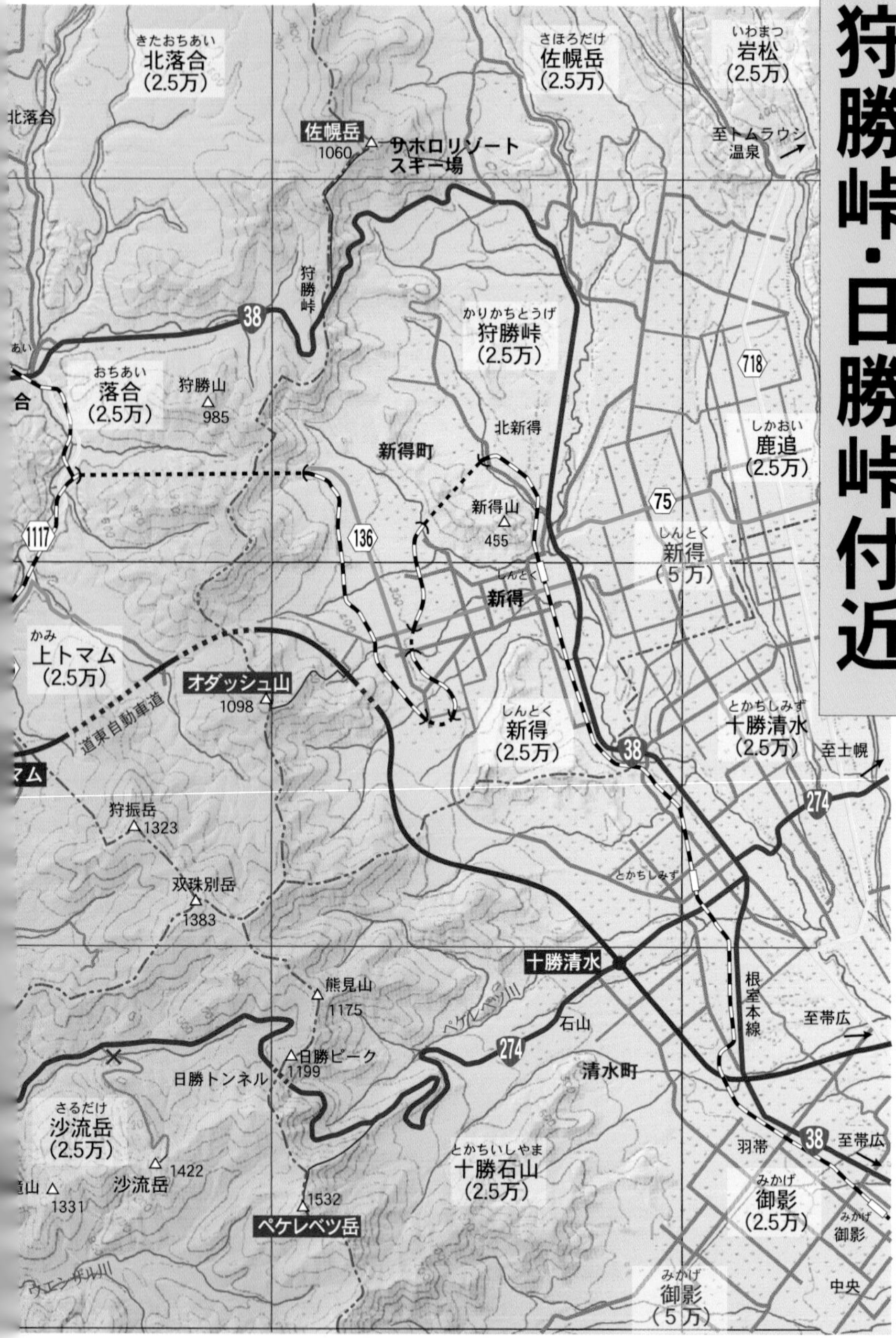

北落合《きたおちあい》
(2.5万)
佐幌岳《さほろだけ》
(2.5万)
岩松《いわまつ》
(2.5万)
北落合
佐幌岳
1060
サホロリゾート
スキー場
至トムラウシ
温泉
狩勝峠
38
狩勝峠《かりかちとうげ》
(2.5万)
718
落合《おちあい》
(2.5万)
狩勝山
985
北新得
鹿追《しかおい》
(2.5万)
新得町
新得山
455
75
1117
136
新得《しんとく》
(5万)
新得
上《かみ》トマム
(2.5万)
オダッシュ山
1098
道東自動車道
新得《しんとく》
(2.5万)
十勝清水《とかちしみず》
(2.5万)
38
至士幌
274
狩振岳
1323
双珠別岳
1383
とかちしみず
十勝清水
熊見山
1175
ペケレベツ川
石山
至帯広
日勝ピーク
1199
274
根室本線
日勝トンネル
清水町
沙流岳《さるだけ》
(2.5万)
十勝石山《とかちいしやま》
(2.5万)
羽帯
38
至帯広
1422
沙流岳
1331
1532
ペケレベツ岳
御影《みかげ》
(2.5万)
みかげ
御影
ウエンザル川
中央
御影《みかげ》
(5万)

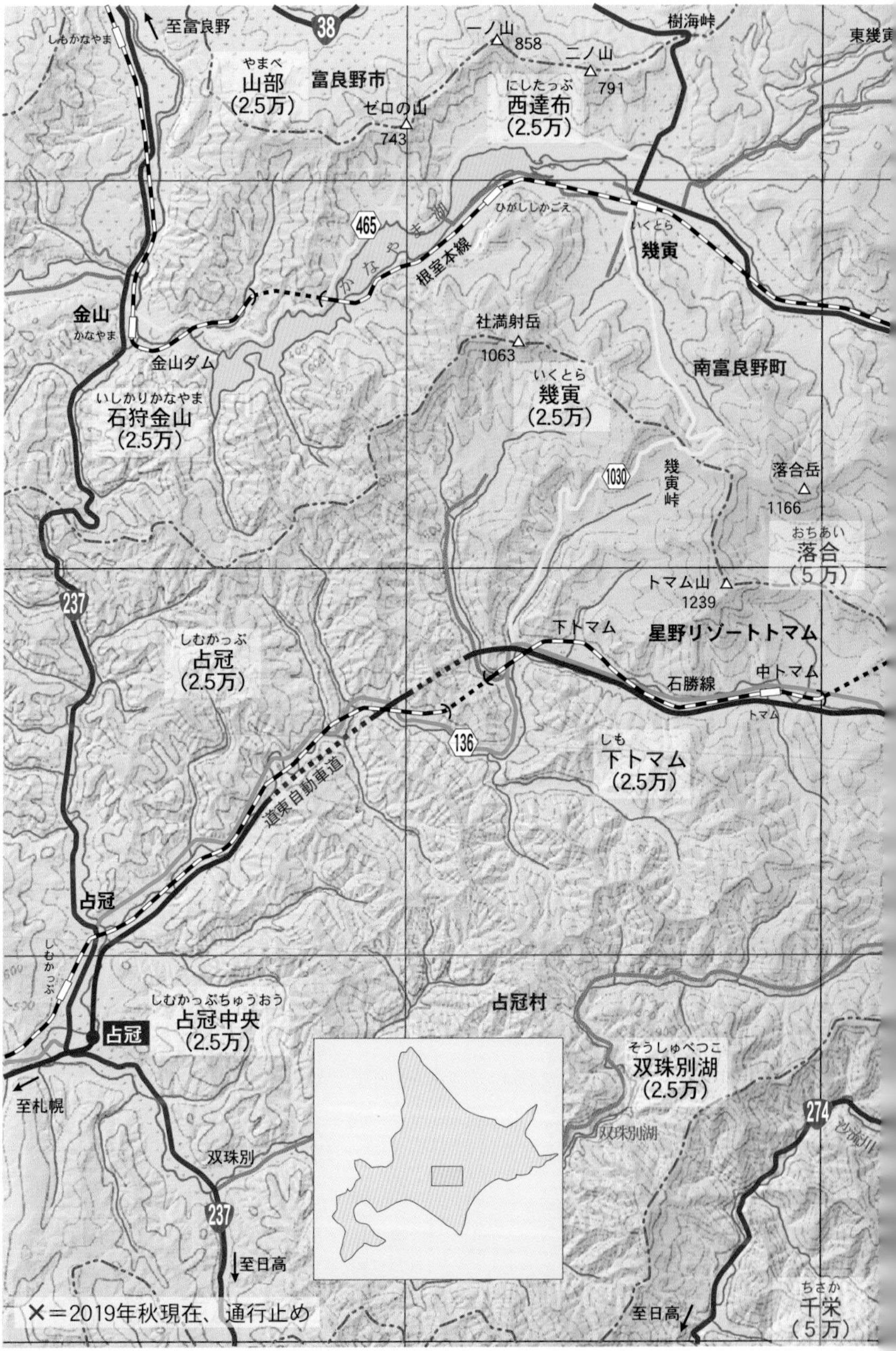

至富良野
しもかなやま
38
一ノ山
858
二ノ山
791
樹海峠
東幾寅
山部《やまべ》
(2.5万)
富良野市
ゼロの山
743
西達布《にしたっぷ》
(2.5万)
465
かなやま湖
ひがししかごえ
根室本線
いくとら
幾寅
金山
かなやま
金山ダム
社満射岳
1063
南富良野町
幾寅《いくとら》
(2.5万)
石狩金山《いしかりかなやま》
(2.5万)
1030
幾寅峠
落合岳
1166
落合《おちあい》
(5万)
トマム山
1239
237
下トマム
星野リゾートトマム
占冠《しむかっぷ》
(2.5万)
石勝線
中トマム
トマム
136
下《しも》トマム
(2.5万)
道東自動車道
占冠
しむかっぷ
占冠中央《しむかっぷちゅうおう》
(2.5万)
占冠村
占冠
至札幌
双珠別湖《そうしゅべつこ》
(2.5万)
双珠別湖
274
沙流川
双珠別
237
至日高
至日高
×＝2019年秋現在、通行止め
千栄《ちさか》
(5万)

1060m

佐幌岳《さほろだけ》

サホロリゾート入り口から

　日高山脈の北端に位置する山であるが、山容は「日高」のイメージから遠く、なだらかである。山の東～北面は頂上近くまで大規模なスキー場となっており、登っても深山の雰囲気はないが、山頂からの展望は実に雄大で、狩勝峠のそれとは比較にならない。

　登山道は狩勝峠から稜線伝いと、スキー場内を登る２本がある。

　山名は佐幌川の上流に位置することによるが、佐幌の意味ははっきりしない。

狩勝峠コース

十勝平野の大展望を楽しみながら

■**交通**

　最寄り駅はＪＲ落合駅（災害運休による代行バス運行）だが、登山口まで約10キロある上、タクシーもない。新得駅から新得ハイヤー（☎０１５６－64－５１５５）を利用するのが現実的。

■**マイカー情報**

　国道38号狩勝峠の駐車場を利用する。トイレあり。なお、峠のドライブインは休業中。

■**狩勝高原キャンプ場**

　サホロリゾート近く、総合体育館（サホロアリーナ）の隣。無料。

▼期間＝５月１日～10月31日

▼管理・連絡先＝新得町産業課

☎０１５６－64－０５２２

■**サホロ湖キャンプ場**

　佐幌ダムでできたサホロ湖北西岸にある。管理人不在。無料。

▼期間＝５

体力（標高差）	35点
登山時間加算	D
高山度（標高）	C
険しさ	D
迷いやすさ	D
総合点40点（初級）	

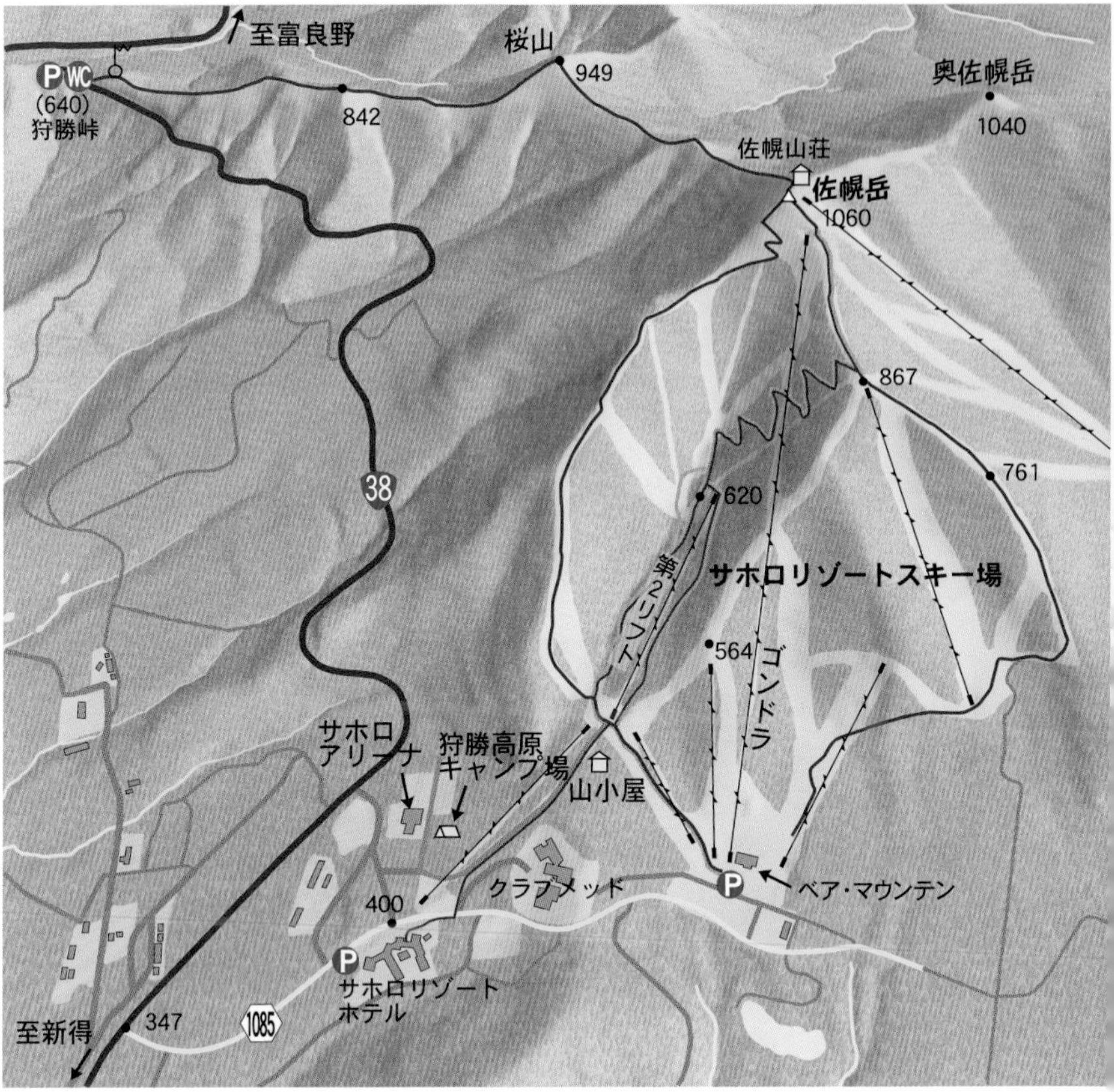

国道脇から登り始める

月1日〜10月31日
▼管理・連絡先＝新得町産業課☎0156−64−0522

■佐幌山荘
詳細は26ページの囲み記事を参照のこと。

■コースタイム（日帰り装備）
狩勝峠登山口 1:20↓ 1:10↑ 桜山 1:10↓ 1:00↑ 佐幌岳
獲得標高差　約570メートル
登り　2時間30分
下り　2時間10分

国境稜線をひたすら北へ。右は佐幌岳、左は桜山

若いダケカンバの純林

中間地点にあるピークは桜山

■ガイド（撮影　9月13日、11月10日）

国道38号、旧石狩国と十勝国を分ける狩勝峠が登山口である。ドライブイン（休業中）右脇の急斜面を登ると国境稜線に出る。あとはひたすらこの稜線を北上する。

コースは毎年ササ刈りがされよく整備されているが、作業前はアザミやヨモギをかき分けることもあるだろう。

道はまっすぐ北上しながら高度を稼いでいく。初めのうちはあまり展望が利かないものの、842《メートル》標高点手前から、右手に十勝平野の展望が広がってくる。これはコース全般に言えるが、一方、左

佐幌岳最後の登り。背後遥かに北日高の山並みが望まれる

手（西側）は樹林で展望はあまり良くない。９４９㍍コブ「桜山」手前には樹齢のそろったダケカンバの純林があり、とても美しい。

尾根コースの常としていくつかのコブを越えなければならないが、なかでも桜山は登り応えがある。標高が高いのでエゾヤマザクラこそないが、タカネザクラ（ミネザクラ）は確かに多いところである。

ここからストレートに佐幌岳を望むことができるが、まずは大きな下りで手前のコルへと向かう。風が吹き抜けるためだろうかコルからはイワツツジやシラタマノキが見られるようになり、高山の雰囲気が出てくる。そういえば道端にしつこくあったオオバコもほとんど目にしなくなる。

コルから一段登って小さなコブ

コケモモなどが見られるお花畑に出ると頂上はすぐそこ。
背後に遠く芦別岳(右)と夕張岳

を越え、残るは本峰の大きな登りだけだ。標高差約１４０メートル、矮小化したエゾマツやわずかながら生えるハイマツを縫って急斜面を登り切ると、平たんな頂上部に出る。コケモモの群生にハナイカリやセンボンヤリの花が多く見られる。

大きな岩が露出する頂上は東端にある。トタン張りの佐幌山荘の前を通り、かん木帯を抜けるとすぐである。

地図を見てもわかるように、北海道のほぼ中心にあるこの山からの展望は見事の一語に尽きる。十勝平野はもちろん、東大雪、十勝連峰、夕張山地、北日高の山並みなど雄大な眺めが展開する。

なお、古い地図には佐幌岳から北西に延びる稜線に歩道が記されていたが、今はブッシュに覆われて廃道の状態である。

ウッドチップの敷かれた小道で作業道へ。
背後右側はリゾートホテル

ベア・マウンテンの駐車場
からも登ることができる

一時沢に沿って林中を歩く

サホロスキー場コース

東大雪の山を振り返りながら

■**交通、キャンプ場**などは「狩勝峠コース」（20ページ）に同じ。

■**マイカー情報**

サホロリゾートホテルとベア・マウンテンの駐車場が利用できる。

■**コースタイム**（日帰り装備）

リゾートホテル —1・30↓ 1・10↑— 867メートル標高点 —0・40↓ 0・30↑— 佐幌岳

標高差　約660メートル
登り　2時間10分
下り　1時間40分

■**ガイド**（撮影　11月5日）

このコースはスキー場内の作業道をたどる。変化に乏しいが歩きやすく、東尾根上の867メートル標高点からは展望の中の登行となる。

入山に際しては、まずサホロリゾートホテル内フロント横のリゾートセンター・カウンターで届け出を行なう。その際、コースの状況や注意点

体力（標高差）	40点
登山時間加算	D
高山度（標高）	C
険　し　さ	D
迷いやすさ	D
総合点45点（初級）	

次第に背後の十勝平野の
展望が拡がってくる

第２リフト右側のスキー
コースを登ってもよい

東尾根上のスキーコースで頂上を目指す

も確認しておこう。

ホテル右斜め向かいの階段を登り、カラマツ下のウッドチップが敷かれた小道で作業道に出る。後は忠実にこの作業道をたどる。

右手に山小屋を過ごすと第2リフト乗り場下の広場となり、ベア・マウンテン駐車場からのコースが合流する。

ここからスキー場内とは思えない爽やかさを感じる清流を左下に

佐幌山荘

佐幌岳山頂部にあり、全体がトタンで覆われているので冬季の使用を目的に建てられたのであろう。ストーブ、スコップ、まきなども備えられている。新得町所有、新得山岳会が委託管理している山小屋。申し込み不要で自由に使用できるが、利用に際しては携帯トイレを持参し、使用後は必ず持ち帰ること。

▶管理・連絡先＝新得町産業課
☎0156-64-0522

山頂付近から十勝連峰とトムラウシ山の展望

東大雪の山並みを背に東尾根を登る

安山岩が露出した展望の頂上

見ながらの林道歩きとなる。またはリフト右側のスキーコースを一直線に登ってもよい。

第2リフト降り場の先から、道は右手の急斜面をつづら折りで登るようになる。ゴンドラの架線を潜って、さらにひと登りで東尾根上の867メートル標高点に出、それと同時に東大雪の山々が目に入る。そこからゴンドラ終点駅まで広いスキーコースを直線的に登り、最後に山道を10分も歩けば山頂だ。

1098m

オダッシュ山《やま》

新得市街のはずれから

新得町市街地の西方にそびえ、リゾート地として知られる佐幌岳と対峙《たいじ》している格好の山である。市街地からよく見えるので地元では昔から知られていたが、道内においての知名度は低かった。近年手ごろに雄大な眺望を得られることが分かって登山者は徐々に増えつつあるようだ。

スケールは決して大きくないので、この山だけを登るため遠方から足を運ぶにはちゅうちょするところだが、展望は一級である。

安田川コース

上部に広がる見事なミズナラ林

■ 交通

適当なバスの便はないので、JR新得駅から約6キロ歩くか新得ハイヤー☎0156－64－5155を利用する。

■ マイカー情報

新得市街を貫く国道38号から「道立畜産試験場」の標識で西に折れ、山に向かって直進する。

「オダッシュ通りアンダーパス」でJR線下をくぐり、畜産試験場前を過ぎると舗装が切れる。再びJR線下をくぐった先のT字路で右折、300メートル進んで左折して山に向かって500メートルほど走ると道東自動車道に行き当たる。そこで左折すれば登山ポストが立つ駐車場である。

登山道へは道東自動車道下をくぐって右折、工事用車道を進む。すぐに左手カ

体力（標高差）	40点
登山時間加算	D
高山度（標高）	C
険しさ	D
迷いやすさ	D
総合点45点（初級）	

登山ポスト。左側に駐車場がある

ラマツ林の中に歩道があり、安田川に沿って山へと向かう。

■ コースタイム（日帰り装備）

登山口 0・30↓ 0・20↑ いこいの水場 0・30↓ 0・20↑ 白樺平 1・00↓ 0・30↑ 前峰 0・20↓ 0・10↑ オダッシュ山

標高差　約665メートル
登り　2時間20分
下り　1時間20分

安田川を左岸に渡る

道東自動車道沿いの作業道から登山道へ

■ガイド（撮影　9月28日、10月28日）

道東自動車道工事に伴いスタート地点周辺が度々変更になった。今後も変わる可能性はあっても案内板等で対応されるはずであるが、ともかく安田川に行き当たった地点で従来の登山道と合流する。

クマイザサを刈り分け安田川右岸に沿った疎林下の道をしばらく進むと左岸に渡る。ここが最初で最後の水場「いこいの水場」である。

コースはそのまま左岸に沿って登る。ほどなく植林されたトドマツとアカエゾマツの木々を縫って右手の北東尾根に向かって斜めに高度を上げていく。尾根の上に乗ると傾斜は一段ときつくなり、お

樹林に囲まれた広場、白樺平

傾斜が緩むと背後に十勝平野が広がる

珍しいミズナラの純林中を登る

前峰の尾根に咲くケエゾキスミレ(5/15)

樹林が切れると前峰が望まれる

まけに滑りやすい黒土なので、下りは固定ロープのお世話になりそうである。

全般に傾斜がきつい尾根だが標高700メートル下でいったん平たん地となる。その名も白樺平、シラカバとダケカンバの幹がまばゆいところだ。

再び急な登りが続き、標高800メートルを超えた辺りでようやく傾斜が緩み、前方に前峰が、振り返ると十勝平野の彼方に然別《しかりべつ》や東大雪の山々が望まれてくる。

コースはまた傾斜を増して、尾根の北面をたどるが、そこにはミズナラの純林が広がり、独特の雰囲気が漂っている。コース中一番の見どころかも知れない。

ミズナラがダケカンバに変わると岩のある前峰だ。岩の上からは狩勝峠から日勝峠付近の山をはじ

十勝平野と東大雪～然別湖周辺の山々を望む

本峰最後の登りはササの斜面。背後は前峰

め、剣山、芽室岳などの北日高、そして東大雪の山々がよく見え、頂上も指呼の間に望まれる。

前峰を後に尾根を覆う低いダケカンバの林を抜け、ササの急斜面を登り切ると頂上である。

前峰から本峰へ向かう快適な尾根道

頂上から望む北日高

頂上は樹林帯の高度であるが、ありがたいことに狭いながら草地となっており、これまでの展望に加えて、トマム山がびっくりするような近さに望まれる。そして当然この高さでは多くの高山植物は望めないが、コケモモ、チシマフウロ、ビロードエゾシオガマなどを見ることができる。

頂上は草地なので見晴らしが良い

1532m

ペケレベツ岳《だけ》

国道38号清水町東方から

日高山脈は日勝峠から南下するに従い高度を増していくが、この山は最初に1500ｍラインを超える山である。日高側からその頂を認めることは難しいが、十勝側からはくっきりとそのスカイラインが望まれる。高さの割にお花畑がないのが残念だ。

山名はペケレベツ川の源流近くに位置することによるが、頂上がヌプチミップ川の源頭にあるため昔はヌプチミップ岳と呼ばれていた。こちらの方が妥当に思える。

日勝峠コース

３時間足らずで１５００メートル峰へ

■交通

最寄り駅はＪＲ十勝清水駅。そこから昭和タクシー☎０１５６－62－２１６５を利用する。

■マイカー情報

国道２７４号日勝トンネル出口から十勝清水方面へ約４キロの除雪ステーション隣が登山口。７、８台ほど駐車可能なスペースと登山ポストがある。トイレは十勝側にさらに約１・５キロ下った日勝峠第１展望台で利用可能だ。

体力（標高差）	40点
登山時間加算	D
高山度（標高）	B
険しさ	D
迷いやすさ	D
総合点45点（初級）	

■宿泊、キャンプ場

清水町市街にビジネスホテル、旅館が３軒ほどある。清水町観光協会☎０１５６－62－１１５６。

キャンプ場は台風災害などにより閉鎖や休業が相次ぎ、登山口周辺に適当な所はない。

■コースタイム（日帰り装備）

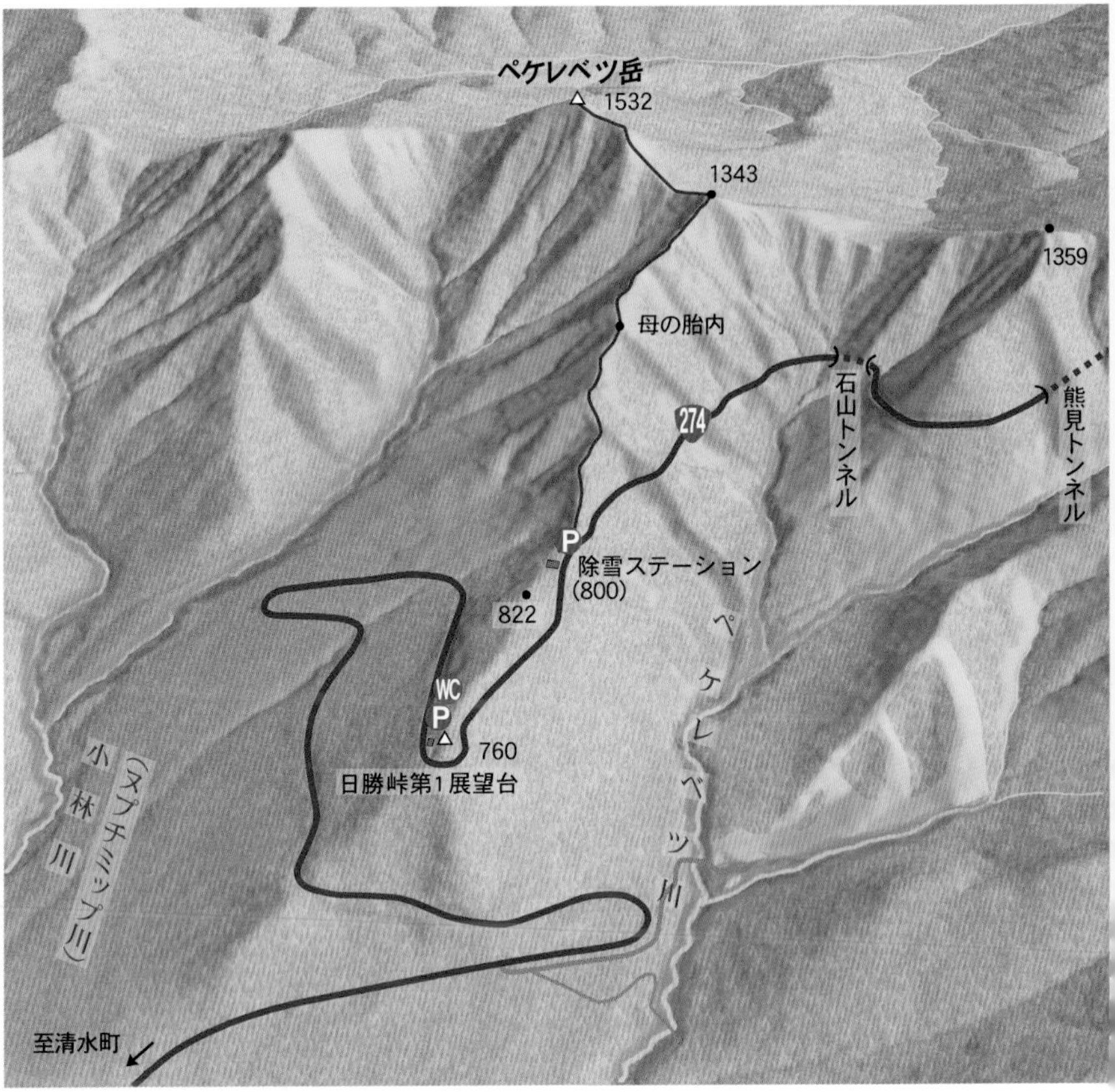

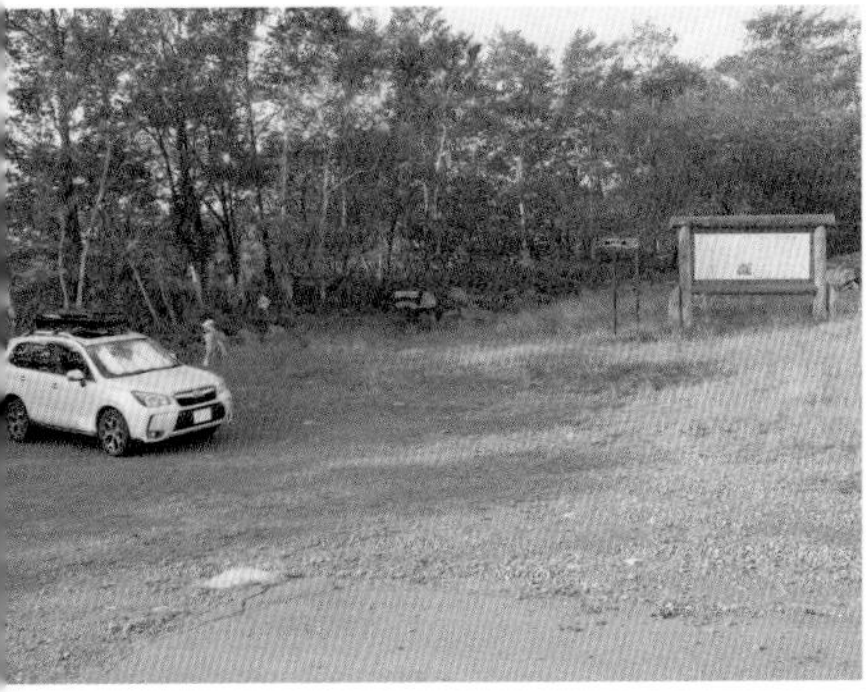
登山口の駐車場。国道の出入りに注意

登山口 ―1:30↓ 0:50↑― 1343メートルコブ ―0:45↓ 0:40↑― ペケレベツ岳

獲得標高差　約770メートル
登り　2時間15分
下り　1時間30分

■ガイド（撮影　9月8日）

登山口は国道沿い。しかも標高800メートルと日高山脈主稜線上の山としては例外的にアクセスがいい。

歩き始めてすぐに山頂(右、木の奥)が見える

序盤の樹林帯。横から国道の走行音が聞こえるが雰囲気は悪くない

いわゆる胎内潜りは難しい「母の胎内」

ササやハイマツが繁茂して歩きづらい状態が続いていたが、2018年に整備された。今後も定期的に行ってくれるとうれしいものだ。

「山頂まで3440㍍」の標識を横目に登山口を後にする。この標識は山頂まで500㍍おきに設置されている。はじめは右下に国道を見ながら尾根上の道を緩く登ってゆく。ミズナラやシラカバの林が気持ちよく、左手には時折目指すペケレベツ岳も見える。路傍に花を咲かせるのはエンレイソウ、サンカヨウ、シラネアオイ、ツバメオモトなど。トドマツが多くなってくるとウコンウツギもちらほら出てくる。

標高1100㍍を超えた辺りから巨岩の間を縫うようになり、大きな岩が積み重なった「母の胎内」が現れる。周囲にはオオカメ

国境稜線の 1343 m コブ

ダケカンバの下を稜線へ

1343 m コブから鞍部へと下る。十勝方面の眺めがいい

ノキやハクサンシャクナゲが目立ち、またハイマツ、コケモモ、イソツツジが出てきて亜高山帯に入ったことを知る。

さらに高度が上がると立派なダケカンバの間に十勝連峰からトムラウシ山、東大雪の山々がきれいに連なって見え始める。そこからやや斜度が増したハイマツ帯をひと登りすれば１３４３メートルコブである。日高山脈の国境稜線だが、ハイマツとササで展望はいまひとつだ。

ここから南に進路を変え、頂上との鞍部《あんぶ》に向けて下ってゆく。この辺りはややササが深く、ハイマツの根が横たわって歩きにくい所だ。ただそれも長くは続かず、変わってコース中最大の登りが始まる。急斜面の直登はつらいが、周囲のダケカンバ林はさほど密ではなく、意外と展望はいい。

山頂付近から東大雪を遠望。右下には登山口も見える

山頂からの芽室岳(中央右寄り)と剣山(左奥)

立派な標柱の立つ山頂

頂上だと思いながら登り着いた高みは、実は手前の肩で、真の山頂はその先に三角形にとがっている。大きく見えるが残りは５００メートルほど。もうひと踏ん張りだ。

山頂はハイマツの背が高く、３６０度の眺望とはいかないが、芽室岳やペンケヌーシ岳、チロロ岳など北日高のピークを見渡せる。また夕張山地の眺めもいい。

北日高

戸蔦別岳と B、C カール

御影《みかげ》
(5万)
至御影
上芽室
山小屋芽室岳
清水町
剣山
旭山
ペンケヌーシ岳《だけ》
(2.5万)
芽室岳《めむろだけ》
(2.5万)
859
渋山《しぶさん》
(2.5万)
55
パンケヌーシ岳
1746
芽室岳
1754
久山岳
1411
剣山山小屋
上旭
止別岳
1381
剣山
1205
上渋山
ルベシベ山
1740
至芽室
妙敷山《おしきやま》
(2.5万)
芽室町
上美生
美生ダム
トムラウシ山
1476
ピパイロ岳《だけ》
(2.5万)
伏美岳避難小屋
美生川
55
伏美
雄馬別
上美生《かみびせい》
(2.5万)
1792
1916
ピパイロ岳
伏美岳
妙敷山
1731
帯広岳
1089
戸蔦別岳
札内岳《さつないだけ》
(5万)
八千代
戸蔦別岳
959
至帯広
神威岳
1756
札内岳《さつないだけ》
(2.5万)
216
幌尻岳《ぽろしりだけ》
(2.5万)
戸蔦別川
札内岳
1895
十勝幌尻岳
1846
拓成
拓成《たくせい》
(2.5万)
エサオマントッタベツ岳
1902
帯広市
中札内村
メワッカ岳
1799
ナメワッカ分岐
岩内岳
1498
札内川上流《さつないがわじょうりゅう》
(2.5万)
ドンナップ岳《だけ》
(2.5万)
岩内川
カムイエクウチカウシ山
1979
札内川
札内川上流《さつないがわじょうりゅう》
(5万)
カシナイ山
新ひだか町
ピラミッド峰
1853
ピラトコミ山
1588
1823峰
西川岳
1362
1826

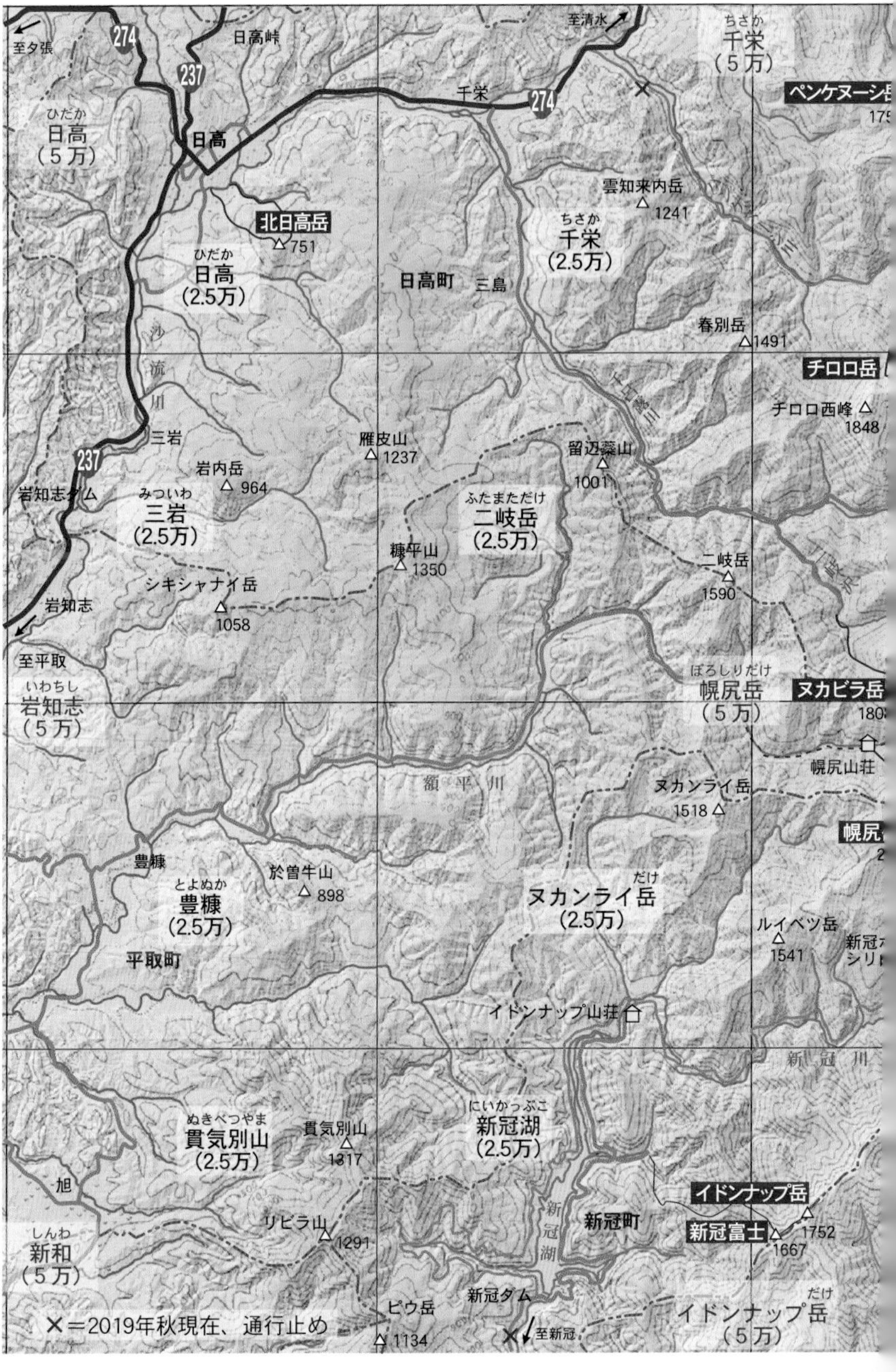
至夕張
274
日高峠
237
至清水
千栄《ちさか》
（5万）
日高《ひだか》
（5万）
日高
千栄
274
雲知来内岳
1241
北日高岳
751
千栄《ちさか》
(2.5万)
日高《ひだか》
(2.5万)
日高町
三島
春別岳
1491
沙流川
チロロ岳
チロロ西峰
1848
三岩
雁皮山
1237
留辺蘂山
1001
237
岩内岳
964
岩知志ダム
三岩《みついわ》
(2.5万)
二岐岳《ふたまただけ》
(2.5万)
糠平山
1350
二岐岳
1590
シキシャナイ岳
1058
岩知志
至平取
幌尻岳《ぽろしりだけ》
（5万）
ヌカビラ岳
岩知志《いわちし》
（5万）
幌尻山荘
額平川
ヌカンライ岳
1518
豊糠
於曽牛山
898
豊糠《とよぬか》
(2.5万)
ヌカンライ岳《だけ》
(2.5万)
ルイベツ岳
1541
平取町
イドンナップ山荘
新冠川
貫気別山《ぬきべつやま》
(2.5万)
貫気別山
1317
新冠湖《にいかっぷこ》
(2.5万)
旭
イドンナップ岳
1752
新冠富士
1667
リビラ山
1291
新冠湖
新冠町
新和《しんわ》
（5万）
新冠ダム
ピウ岳
1134
イドンナップ岳《だけ》
（5万）
至新冠
×＝2019年秋現在、通行止め

1754m

芽室岳《めむろだけ》

清水町営円山育成牧場から

　登山の対象として日高山脈を考えるとき、この山を北端と位置付ける人は多い。山容こそ「日高らしさ」に欠けるものの、堂々たる高さを誇り、頂上からは幌尻岳をはじめ中部日高のカムイエクウチカウシ山まで望むことができる。

　山名は芽室川の水源にあることに由来する。芽室はアイヌ語の「メム・オロ・ペッ＝湧水池より来る川」がメモロと聞こえたため芽室の字を当てたという。登山道は清水町内にある。

芽室川・北尾根コース

台風災害により登山口が激変

■特記事項

　２０１６年夏の台風により、芽室川とその支流で大規模な鉄砲水、土砂崩れが起き、川の様子が一変した。登山口への林道は複数箇所で崩壊・流失し、現在も通行止めが続いている。

　芽室川沿いの町道は復旧工事が進んでいるが、これは配水施設整備のためのもので、登山口への林道は崩壊したままである。清水町によると、順次、治山、砂防などの工事が始まるそうだが、現時点で林道開通のめどは立っていない。

　これらに伴い、20年春現在、町道は牧場橋近くの丁字路から先が通行止めとなっている。工事車両が通行するため、徒歩の通行も極力控えてほしいとのこと。

　登山口の山小屋芽室岳は、土石流の直撃を受け損壊。倒壊の危険があり立ち入り禁止となっている。そこからの登山道に大きな損傷はない模様だが、未整備が続けば今後は荒廃が予想される。

上：台風直後の牧場橋。橋の基部が流失した
左：橋は復旧したが川の様子は激変している

町道の復旧は進んでいるが、
一般車両は通行止めだ

林道は登山口手前で大きく
崩壊(▼地点が道の続き)

普段の水量は少ないのだが…

現在の山小屋と登山口。緑に囲まれていた面影は全く無い

トドマツ林上部で本峰が左前方に望まれてくる

芽室川を丸木橋で渡る(2011年)

頂上から望む北日高の山並み

■ **ガイド**（ダイジェスト）

以下のガイド、データは16年以前の情報を基にしたものである。

山小屋前の芽室川を渡り、アカエゾマツの植林地を登ってゆく。ほどなく一面のササ原となり、時に相当のササこぎを強いられる。

登るほどに斜度が増し、次第に尾根地形が顕著になってくる。あとは主稜線までひたすらこの尾根をたどる。周囲がササからかん木へと変わり、さらにハイマツが目立ってくると、左右に芽室岳と西峰（パンケヌーシ岳）が望まれる。

再び斜度が増し、ダケカンバの急斜面をジグザグを切りながら登ると西峰との分岐だ。芽室岳へは左折し、１６９０メートルコブの東面を巻いて国境稜線上をゆく。西峰は分岐から１６９０メートルコブを越えてゆくが、ハイマツが伸び気味だ。

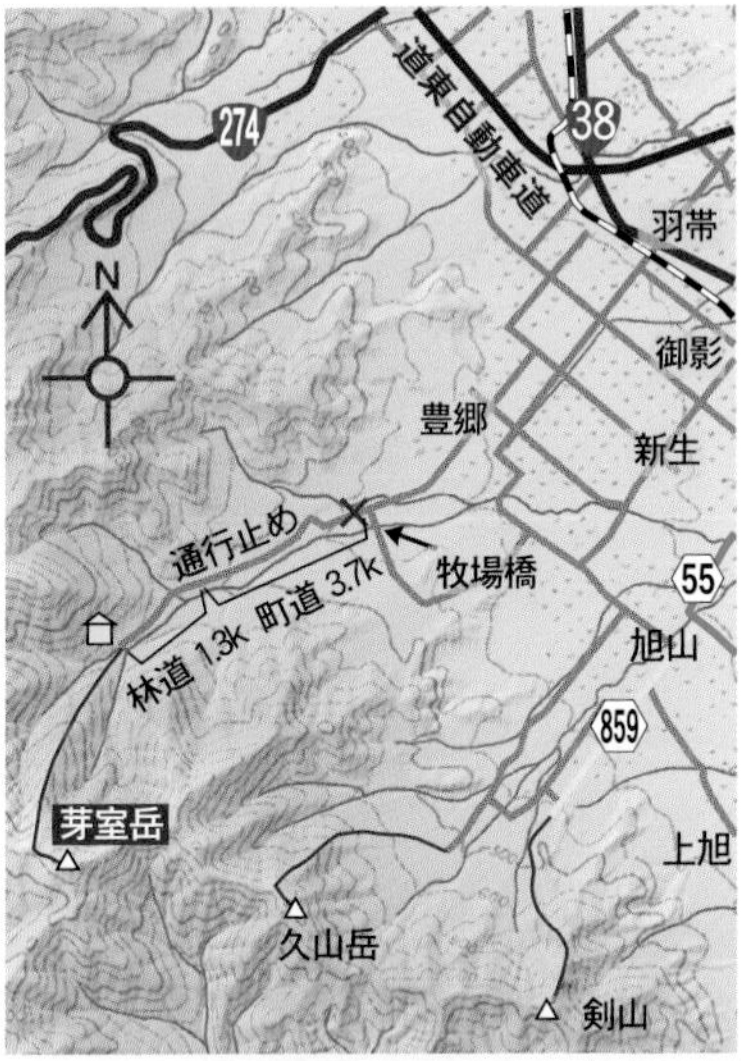

分岐のコブから見た西峰

大きな岩が露出した頂上

■コースタイム

標高差　約 1150m

登り　　3 時間 20 分

下り　　1 時間 50 分

（山小屋芽室岳から）

体力（標高差）	45点
登山時間加算	C
高山度（標高）	A
険　し　さ	B
迷いやすさ	C
総合点70点（中級）	

1411m

久山岳《きゅうさんだけ》

旭山付近から

国境稜線上の芽室岳から剣山に向かって派生する尾根上にある山である。頂上は樹林に覆われる高さだが、岩が露出しているため360度の展望が堪能できる。また山頂西側には日高山脈としては貴重なアカエゾマツ純林も見られる。

これまでは山麓の宗教団体が高王山とあがめ信仰登山をするほかは、さほど人気があるとは言えない感があった。しかし、周辺の山への林道通行止めが続く昨今、徐々に登山者が増えているようだ。

北東尾根コース

手ごろで好展望 じわじわ人気上昇中

交通

最寄り駅はJR御影駅だが登山口まで10キロ以上あり、タクシーもない。芽室駅からこばとハイヤー☎0155-34-5810、または十勝清水駅から昭和タクシー☎0156-62-2165を利用して起点となる剣山神社へ。

マイカー情報

剣山(52ページ)登山口の剣山神社駐車場を利用する。国道38号を御影駅入り口から帯広方面に約1キロ進み、剣山への案内板に従って山側に入る。直進約5キロの突き当たりを左折し、すぐに旭山集落で右折。まっすぐ延びる道道859号を上りきった先が剣山神社。駐車スペースは十分広い。トイレと水は剣山山小屋(53ページ参照)を利用できる。

なお、以前は旭山地区の別荘地

体力(標高差)	45点
登山時間加算	C
高山度(標高)	B
険しさ	D
迷いやすさ	C
総合点60点(中級)	

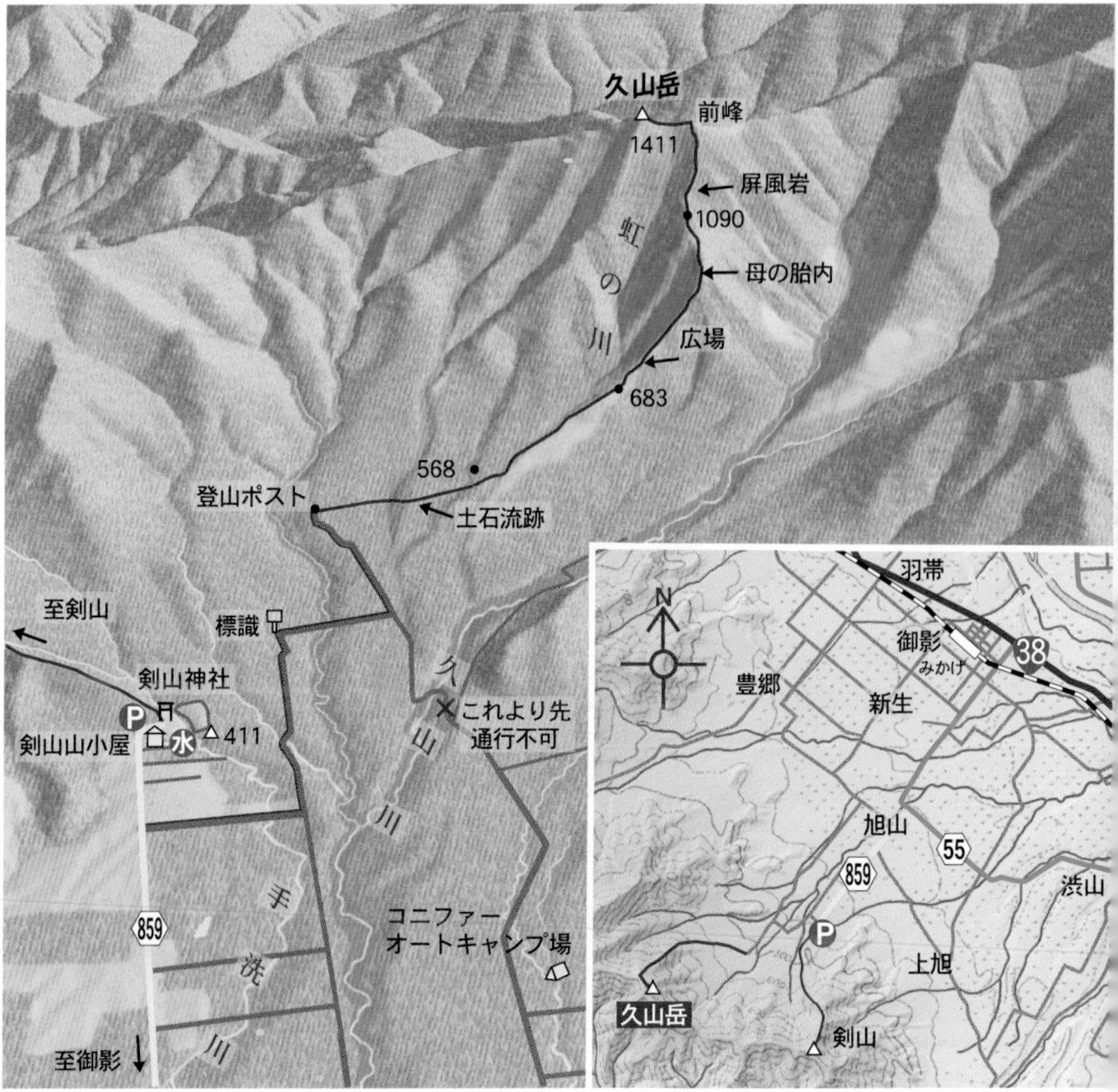

を抜けて直接登山ポストのある地点に入れたが、台風により林道が不通となった。通行止め地点周辺には駐車スペースもないので、こちらからの入山は控えたい。

■剣山山小屋

53㌻を参照のこと。

■コースタイム（日帰り装備）

剣山神社 1:40↓ 1:20↑ 広場 1:50↓ 1:10↑ 前峰 0:10↓ 0:10↑ 久山岳

広場までは霊光院により整備されている

登山ポストに入山届を忘れずに

大きく洗掘した林道

尾根上の広場。ここから本格的な山道になる

突然現れる土石流の跡

標高差　約1050メートル
登り　3時間40分
下り　2時間40分

■ガイド（撮影　7月13日他）

この山は剣山神社下に道場を持つ「高王山大自然霊光院」が登拝し、それに伴い登山道の維持管理を行ってきた。近年は信者の高齢化によって上部の整備ができずササが茂っていたが、2019年地元有志の手でササ刈りが行われた。

登山口は特に定まっていないが、アクセスや駐車の利便性を考え、ここでは剣山神社を起点とする。

神社から道道を500メートルほど戻り、ゲートのない最初の舗装路を左折する。（そこまでに現れる道はすべて私有地である）。

別荘が点在するカラマツ林を500メートル進み、丁字路を左折。林道を山に向かって道なりに進み、

微妙な命名もあり、なかなか楽しませてくれる

取材時はササが深かったが、その後刈られた

大きな一枚岩の「屏風岩」

1キロ強で右に直角に折れて刈り分け道に入る（地図中「標識」の地点）。丸太橋で小さな沢を渡り、カラマツ林を抜けると林道に出るのでこれを左折して山に向かう。帰路はこの林道から刈り分け道への入り口を見落とさないように。

部分的に激しく洗掘された林道をゆき、伐採地から植林地に入るとほどなく登山ポストのある曲がり角に着く。道はここで右に折れ、なおも広い造林道のような道を緩く登ってゆく。途中、小沢を2、3本横切るが、その間の沢でも何でもない所に突然大規模な土石流の跡が現れて驚かされる。ここはテープの目印に従って進もう。

「虹の川」の看板がある小沢を渡った後は次第に尾根道となり、右に植林地を見ながら高度を上げてゆく。標高700メートル付近の広場

ハクサンシャクナゲがちらほら

前峰まで登ればつらかった急登も終わりだ

岩が展望台のようになった山頂

アカエゾマツ林を山頂へ

は霊光院の祭事場だそうで「日輪釈迦如来」の札が掛かっている。

　さて、ここからが本格的な山道の始まりである。目に見えて傾斜が増し、グイグイと高度が上ってゆく。それとともに次々に現れるのがユニークな名が付けられた岩や巨木だ。大岩が重なった「母の胎内」に始まり、「父の胎内」「石松安産岩」「大蛇の通り道」「釈迦涅槃座石」。あれこれイメージを巡らせるうちに、急登のつらさも忘れるといったところか――。

　しかし現実は厳しい。道はさらに傾斜を増し、尾根はいつしか滑りやすい急斜面となって立ちはだかる。これを頑張って登りきったところが、久山岳北西のコブ＝前峰だ。「頂上まで10分」の標識があるが、ダケカンバやアカエゾマツの林に遮られて視界は利かない。

山頂から中部日高
の山々を見る

頂上から南西方向の展望。北日高の名峰がずらりと並ぶ

道は小さなコルへと下り、稜線の右下をたどる。こけむした岩とアカエゾマツが密生する森に、ハクサンシャクナゲが点在し、しっとりとしたいい雰囲気だ。最後に頭上に積み重なった巨岩を抜ければ、大展望が広がる頂上に飛び出す。

頂上から望む芽室岳(左)

1205m

剣山《つるぎやま》

清水町旭山付近から

北日高主稜線上の芽室岳から東に延びる支稜末端にある山。その名の通り上部にいくつかの岩塔を突き立て、頂上から切れ落ちる断崖は高度差60mもある。岩登りの対象としても親しまれている。

高さこそ1200mほどだが、遮るもののない山頂部とそのロケーションから、山脈北部の大パノラマが楽しめる。登山道は山麓の剣山神社から往復するものが1本。

アイヌ語の山名はエエンネエン・ヌプリで、意味はとがった山。

剣山神社コース

変化に富んだ岩尾根をたどる

■**交通、マイカー情報**などは、前項「久山岳」（46ページ参照）と同じ。（本来は剣山登山口を起点とする久山岳のほうを「剣山と同じ」とすべきだが…）

剣山神社と駐車場。登山口は奥の社殿左側

■**剣山山小屋**

53ページを参照のこと。

■**コースタイム**（日帰り装備）

登山口—1:30↓ 0:50↑—906メートルコブ・一ノ森—1:30↓ 1:10↑—剣山

標高差　約785メートル

登り　3時間

下り　2時間

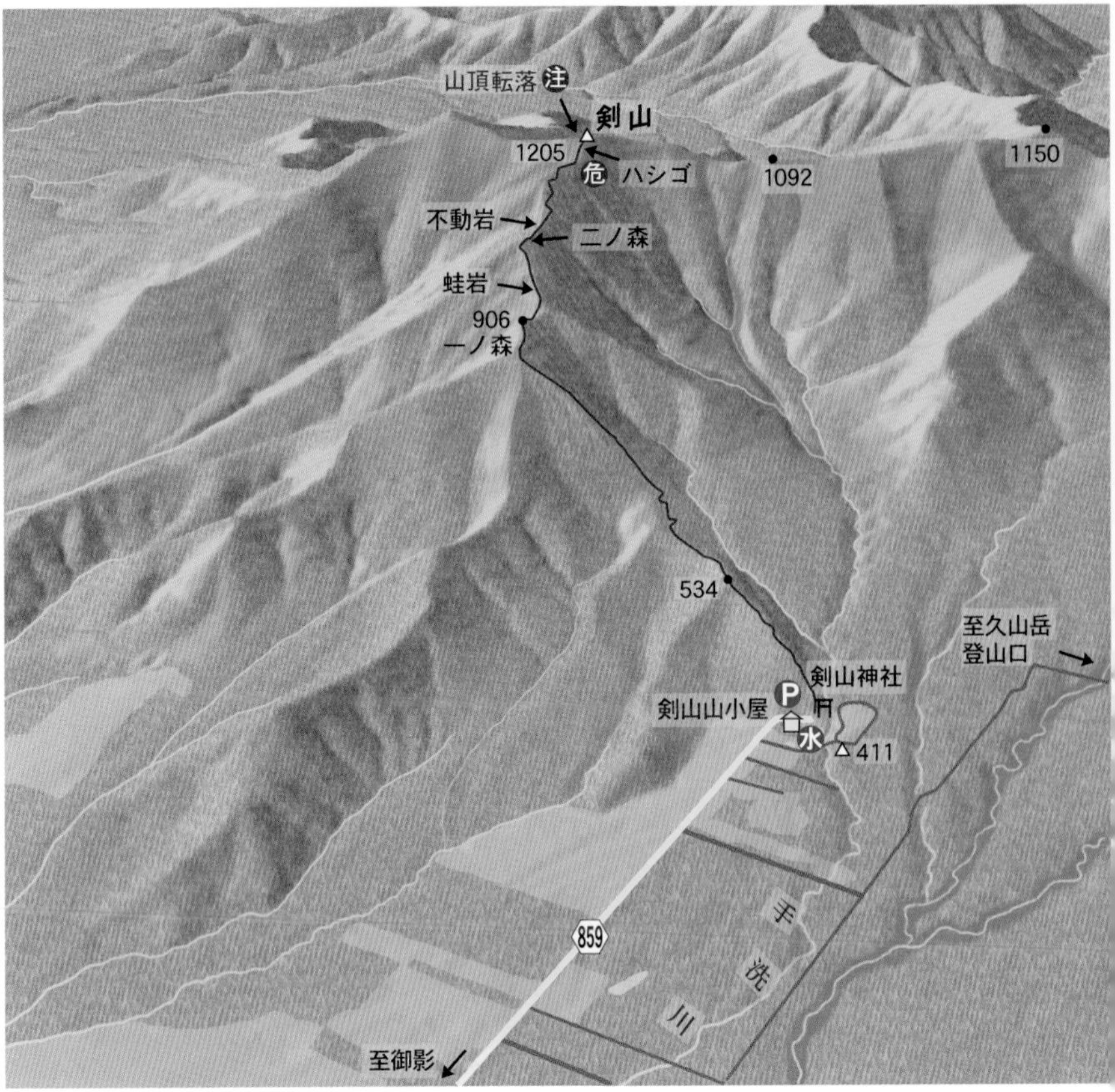

剣山山小屋

登山口の剣山神社右手に立つ無人の山小屋。内部は仕切りがありグループも利用しやすい。水場隣接。トイレ、電灯、まきストーブあり。

▶収容人員=50人

▶通年開放、無料

▶管理・問い合わせ先=清水町建設課☎ 0156-62-2113

ちょっとした広場になった一ノ森

登山ポストのある登山口を後に

一ノ森付近は気持ちのいいダケカンバの林になっている

■ガイド（撮影　10月7日他）

標高差やコースタイムだけを見ればハイキングクラスの山だが、上部は険しい岩場が多く危険箇所もある。特に雨や強風など悪天候時は、たとえ頂上目前であっても無理をしない判断が欲しい。

登山口は剣山神社社殿の左側。右側には手水《ちょうず》を兼ねた水場と剣山山小屋がある。この神社は大正時代に徳島県の劔《つるぎ》神社を分祀したものだ。歩き始めてすぐに道は二分し、剣山へは左の尾根道に入る。観音巡りの石仏を見ながら登ってゆくと、534《メートル》標高点を過ぎた辺りでいったん緩く下る。しかし、すぐ

体力（標高差）	40点
登山時間加算	C
高山度（標高）	B
険しさ	A
迷いやすさ	C
総合点65点（中級）	

尾根上にドンとある不動岩。右側を巻いてゆく

二ノ森の先で現れる見事な一枚岩

大きく口を開いた蛙岩

にまた斜度が増し、いつしか石仏も見なくなって、次第に登山らしい気分になってくる。

ミズナラ林のなかの直登は岩が多く、適度な足場となって歩きやすい。この急斜面を登った先が９０６メートル標高点の一ノ森。左手の踏み跡を少し入ると展望ポイントがあり、新嵐山方面の眺めがよい。

コースはダケカンバの尾根を小さく上り下りしたのち、にわかに急になる。蛙岩《かえるいわ》を左に見て、なお

日当たりの悪い岩場の
基部をたどっていく

三ノ森の先の尾根上から
十勝平野を見渡す

も登ると尾根の頭のような二ノ森だ。さらにその先に鎮座する不動岩を巻き、続いて左にスラブ状一枚岩を見る。短い区間に次々と目を引くものが現れる楽しい道だ。

この辺りから稜線は岩場が目立つようになり、コースはその基部をたどりながら、岩の切れ目をロープを伝って直登する、ということを繰り返す。北西斜面のため日当たりが悪く、どことなく気分が晴れない所である。

しかし、三ノ森の標識を過ぎると、突然明るい岩尾根の上に出て、眼下に十勝平野が広がりを見せる。そして振り向いた頭上には剣が突き刺さった山頂の岩塔！もっとも、今いる場所も断崖の上だ。決して油断しないように。

大岩が寄り添った「母の胎内」を過ぎて、頂稜の右側をたどって

どこから登るのかと思う山頂部

最初のハシゴが一番長く緊張する

高度感あふれる剣山山頂

ゆくと、いよいよ核心部となる4連続のハシゴである。特に一つ目は基部の路面が大雨で流失し、むき出しになった岸壁が切れ落ちている。高所恐怖症でなくとも緊張する場面だが、ハシゴ自体はしっかりと固定されているので、落ち着いて登ろう。二つ目、三つ目は特に問題なく、四つ目も併設された鎖を使ってうまく抜ける。

その瞬間、矛先を天に向けて岩に突き刺さった何本もの鉄剣と、どこまでも広い十勝平野が視界に飛び込んでくる。剣山の頂上だ。背後には日高山脈北部の山々がズラリと並び、これまた見飽きることがない。

ただし、狭い断崖上ゆえにくれぐれも行動は慎重に。下山時は三ノ森、二ノ森、一ノ森でいずれも左折するように進路を取ろう。

チロロ岳
芽室岳

内岳
エサオマントッタベツ岳
神威岳
妙敷山
伏美岳

上：頂上から西北西～南西方向の展望
下：頂上から南西～南方向の展望

1750m

ペンケヌーシ岳《だけ》

チロロ岳から

日高山脈主稜線上のペケレベツ岳・芽室岳の中ほどから西に延びる支稜上の山である。日高としてはたおやかな山容で、周囲を山に囲まれているため高さの割には麓からその姿を見ることが難しい。

山名は沙流川支流のペンケヌーシ川の水源にあることによる。アイヌ語でペンケは「上流の」、ヌー・ウシは「豊漁の」を意味する。昔はたくさん魚がとれたのであろう。沙流川との合流点の下流でパンケヌーシ川が流れ込んでいる。

パンケヌーシ川六ノ沢コース

台風で林道損壊 登山道の状況も不明

■特記事項

2016年夏の台風などにより、アプローチのパンケヌーシ林道が大規模に被災。19年秋現在、登山口の手前約18キロの林道ゲートから通行止めとなっている。復旧工事は進行中で、20年シーズンには途中まで開通する見込みであるが（64ページの「チロロ岳」の項を参照）、登山口手前約6キロの取水ダムから先はめどが立っていない。森林管理署でも状況をつかみき

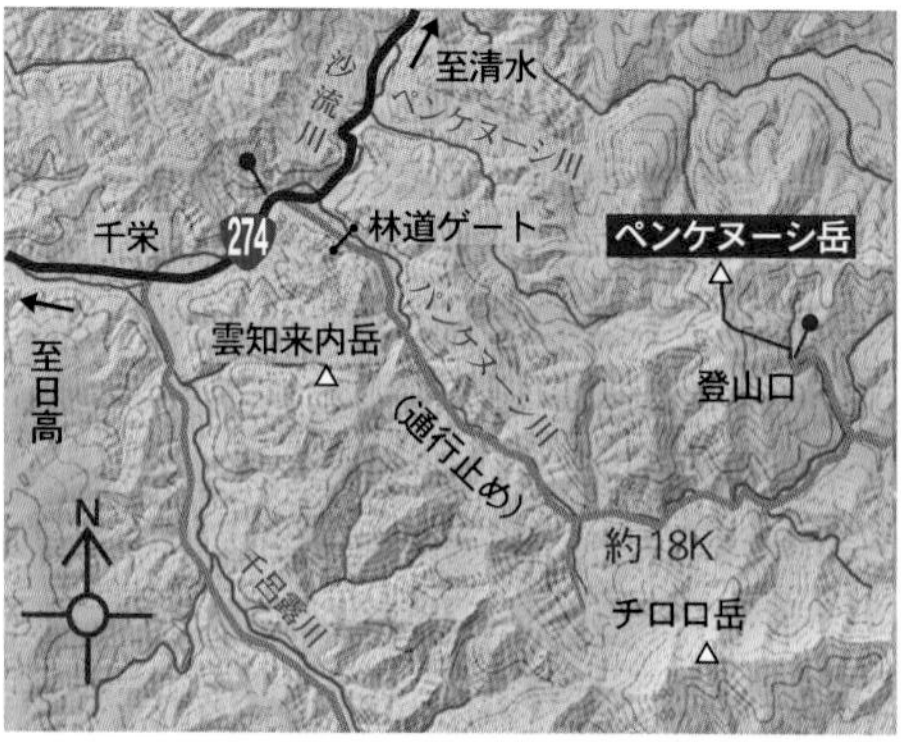

六ノ沢を渡渉後、下流側に進んで出合へ

登山口近くの滝。左岸を大きく巻く林道跡で上流へ

沢登り気分で上流へ。登山靴でも可能だが、沢靴のほうが気を使わないだろう

れていないそうだが、複数の情報によると林道は崩壊、流失、大量の倒木などにより壊滅的被害を受けている模様だ。登山道の被害の有無については不明である。

■ **ガイド**（ダイジェスト）

以下のガイド、データ類は16年7月（台風の約2カ月前）の取材を基にしたものである。

比較的短い行程ながら、沢からお花畑を抜け、ハイマツの稜線に至るという日高らしい要素が詰まっているのが本コースの魅力だ。

ルートはペンケヌーシ岳の南にある1733㍍峰とその北の1661㍍コブの間に突き上げる沢を詰める。登山口すぐの滝は林道跡で巻き、六ノ沢を下流側に少し下った出合から入る。水量は少なめで左右の踏み跡や大岩が重なった沢の中を登ってゆく。途中で横切る作

日高山脈では珍しい砂れき地

源頭をゆく。背後左は芽室岳

岩混じりのハイマツ帯を頂上へ。踏み跡は細いが明瞭だ

業道は迂回路《うかい》として使える。

沢が細くなったところで現れる二股を右に入ると、ほどなく雪田跡のお花畑に出る。これを右に斜上し、次の雪田跡は左上、さらにササ原を抜けた雪田跡を右に登る。この辺りは残雪の状況により様子が違うので注意しよう。

明るく開けた砂れき地を過ぎると稜線上の1661㍍コブ。ツガザクラ類の群落地から露岩のお花畑を抜けてハイマツの海へと突入する。あとは登るほどに広がる展望を楽しみながら山頂へ。

日高山脈で唯一コマクサが自生する山でもある

チロロ岳から幌尻岳まで北日高の山々の眺望が楽しめる

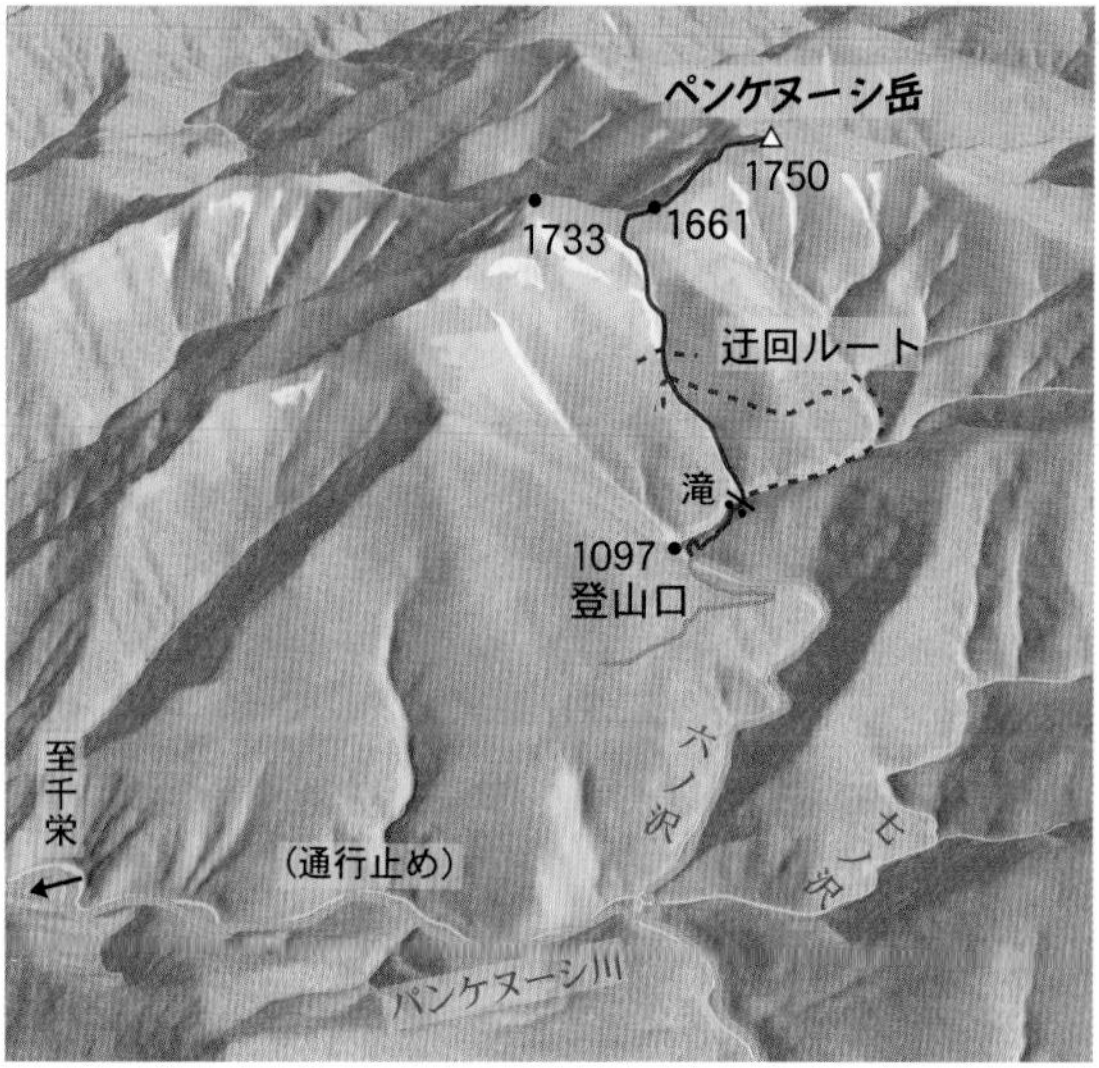

■コースタイム
標高差　約650m
登り　　2時間20分
下り　　1時間50分
(登山口から)

体力(標高差)	40点
登山時間加算	D
高山度(標高)	A
険しさ	B
迷いやすさ	A
総合点65点(中級)	

1880m

チロロ岳《だけ》

北戸蔦別岳から。左は西峰

芽室岳とピパイロ岳を結ぶ国境稜線の中ほどから西に延びる支稜線上にある山で、その位置と高度からして北日高の展望が大変良い。双耳峰を成すチロロ西峰は超塩基性のかんらん岩からなり、特殊な植物が分布している。

山名の由来は千呂露川の水源にあることによるが、チロロは美しい響きを持つのに意味は不明である。キロロがなまったとの説もあるが、そうであれば「爽快」の意味で納得がいく。

パンケヌーシ川　曲リ沢・二ノ沢コース

二つの沢をたどる珍しいコース

■特記事項

2016年夏の台風やその後の融雪などにより、アプローチのパンケヌーシ林道が大規模に被災。19年秋現在、登山口となる曲り沢入り口から約11㌔手前の林道ゲートから通行止めとなっている。

日高北部森林管理署によると、復旧工事は終了し、20年春に点検を行った上で開放の判断をするとのこと。今後の状況は同署ホームページに掲載予定。または電話（日高北部森林管理署☎01457−6−3151）にて確認を。

なお、林道や登山口周辺（駐車スペース）の状況は被災前と変わっていることも予想される。

登山道に関しては特に大きな変化はない模様である。

■交通

JR占冠駅から日高町営バス（☎01457−6−2084）占冠線で終点日高総合支所下車。そこから登山口の曲り沢入り口まで日高ハイヤー（☎01457−6−

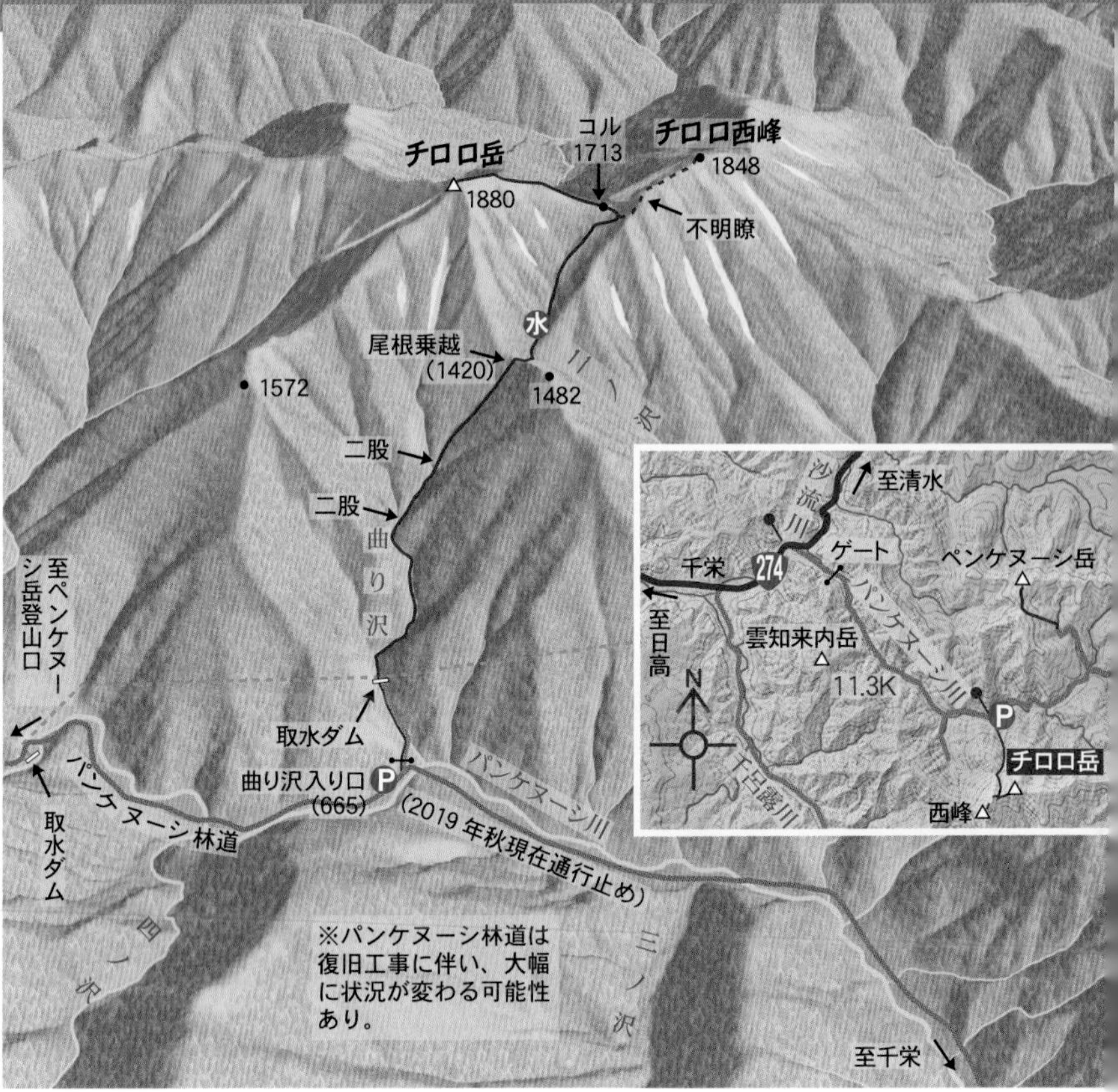

７１０７、要予約）が利用できる。

または日高総合支所から町営バス千栄線に乗り換え、国道沿いのパンケヌーシ入り口下車。登山口まで徒歩11㌔余り。

体力（標高差）	50点
登山時間加算	C
高山度（標高）	A
険　し　さ	A
迷いやすさ	A
総合点85点（上級）	

マイカー情報

日高町日高市街から国道２７４号を日勝峠方面に約12㌔走り、パンケヌーシ林道に入る。約１・３㌔でゲート（２０１９年秋現在、ここから先通行止め）と登山ポストがある。そこから未舗装の林道を約10㌔で登山口となる曲り沢入り口。被災前は６、７台分の駐車スペースと簡易トイレがあったが、林道復旧工事に伴い状況が変

滝には巻き道があるが感覚的には沢登りだ

取水ダムを過ぎて左岸の踏み跡へ

曲り沢の前半はそこそこ水量がある

わる可能性もある。

■**沙流川温泉ひだか高原荘**

日高町日高郊外、北日高岳麓にある温泉宿泊施設。素泊まり可能。☎01457-6-2258

そのほか日高地区に数軒のビジネスホテル、旅館などがある。(日高町役場日高総合支所地域経済課☎01457-6-2008)

■**日高沙流川オートキャンプ場**

日高町日高郊外、北日高岳麓にある。バンガローあり。有料

▼期間＝4月下旬～10月中旬

▼問い合わせ先＝☎01457-6-2922

■**コースタイム**(日帰り装備)

曲り沢入り口（2・30↓／2・00↑）尾根乗越《のっこし》（0・30↓／0・20↑）1713メートルコル（1・30↓／1・20↑）チロロ岳

獲得標高差　約1265メートル

二つ目の 1140 m 二股を右へ。顕著だが確認を忘れずに

ダケカンバが生える尾根の乗越

水量が減った曲り沢を詰める

登り　4時間30分
下り　3時間40分

■ガイド（撮影　8月11日）

以下のガイド、データ類は16年8月（台風の直前）の取材を基にしたものである。なお、台風後の18年入山者から情報を得て比較検討したところ、コース自体に大きな損壊・変化はない模様である。

このコースは途中で尾根を乗り越えながら二つの沢を詰める珍しいもので、日高らしいルートだ。乗越点付近の樹林帯や源頭から上部ははっきりした道があるが、沢区間はせいぜい踏み跡程度で、ほとんど沢登り状態の部分も多い。

一つ目の曲り沢は水量が結構あり滑りやすいので沢靴が有利だが、二つ目の二ノ沢途中から先は水も涸《か》れ登山靴が歩きやすい。

パンケヌーシ林道の曲り沢入り

二ノ沢源頭のお花畑を登る。
背後はペンケヌーシ岳（南峰）

水が涸れた明るい二ノ沢を
登ってゆく

口から北電の取水ダムまで、まずは未舗装の車道を15分ほど歩く。

取水ダムから左岸沿いの踏み跡に入り、しばらくはこれをゆくが、やがて右岸、左岸と渡り歩き、時には沢の中をゆくようになる。結構な斜度で高度を上げ、いくつか現れる滝は巻き道で越えてゆく。テープやペンキなどの目印はあるが、状況に応じたルートファインディングや判断も必要だろう。

途中、標高1050メートルと1140

コル手前から見る本峰と手前のニセピーク

お花畑にはヒグマの痕跡多し

コルは広々としたれき地で休憩適地。背後はチロロ西峰

メートル付近の2カ所に顕著な二股があり、いずれも右に入る。二つ目の二股からは水量が減り、1300メートル付近で涸れ沢となる。樹林帯の急な登りに入ってひと汗かけば尾根の乗越点だ。ダケカンバの木陰が涼しいが展望は利かない。

　ここから標高差50メートルほどを下り、パンケヌーシ川二ノ沢に下り立つ。下山時に見落とさないよう、分岐点をよく確認しておこう。

　二ノ沢は明るく開けた沢で、踏み跡はないが前方までよく見通せる。水も少なく乾いた岩がゴロゴロとして歩きやすい。ほどなく右岸に湧き出る水は最後の水場で、その先で沢水も涸れる。

　その涸れ沢を詰め、ひときわ斜度が増したところで二股を右に入る（三股に見える場合は真ん中へ）。周囲はヒダカキンバイソウ

ニセピークから北側の展望。日高山脈らしい深い谷が目を引く

やミヤマキンポウゲが咲く源頭のお花畑となり、振り返ればペンケヌーシ岳の南峰が大きい。

正面にチロロ西峰の露岩、左にチロロ岳が迫ってくると斜度が緩み、左にトラバース気味に進むようになる。ヒグマの痕跡が目立つお花畑を横切れば、本峰と西峰の間の1713㍍コルである。

と同時に、ピパイロ岳から北戸蔦別岳、幌尻岳のパノラマが視界いっぱいに展開し、思わず息をのむ。特に手前の千呂露川の深い谷を挟んだ高度感が素晴らしい。

本峰へは東に向かい、ハイマツ帯の急斜面を登る。密生した枝が疲れた足にやや抵抗を感じさせるが、登るに従って細い岩稜帯となり、やがてニセピークに到達する。山頂はまだ高く見えるが、10分も登れば斜度が緩み、ハイマツ

西峰を背に岩混じりの尾根を頂上へ

山頂から見た芽室岳

二等三角点のあるチロロ岳本峰

原の先の頂上へと導かれる。

　頂上からはコルでの感動的な展望が一段と奥行き感をもって眺められる。また、東に芽室岳から十勝幌尻岳、十勝平野が、北から西には十勝連峰や夕張山地まで見渡せる。一面ハイマツで花がほとんど見られないのは寂しいが、それは次ページの西峰に期待しよう。

マントルが露出、と聞いてもピンとこないが迫力はすごい

ホソバトウキ

ミヤマアズマギクとカトウハコベ

コル手前のお花畑から西峰へ

チロロ西峰

ハイマツに覆われた本峰に対して、西峰はかんらん岩が露出しその間にお花畑が広がっている。かんらん岩は地下のマントルが地表に現れたもので、アポイ岳や戸蔦別岳などでも見られるが、世界的には珍しいものだという。表面は黄褐色だが、かんらん（橄欖＝オリーブ、またはその誤訳）の名の通り内部は緑色をしている。超塩基性でアポイ岳同様、生育できる植物が限られているのが特徴だ。

西峰へはコルを登山口側に50メートルほど戻り、お花畑の踏み跡に入る。そこからハイマツ帯とお花畑の縁をたどるように登り、かんらん岩の巨岩帯を身体全体を使って通過。南北に長い頂稜に出たら、小さく上り下りしながら南端の頂上へ。点在するお花畑ではユキバ

西峰頂稜のお花畑から本峰を望む

山名板もない素っ気なさが逆に気持ちいい西峰頂上

ヒゴタイ、カトウハコベ、ユウパリリンドウ、ホソバトウキなどの希少な植物が見られる。

コルからの所要時間は登り40分、下り30分ほど。

1792m

伏美岳《ふしみだけ》

中美生から

芽室山の会が1977年（昭和52年）に登山道を完成させ、麓の地名を採って伏美岳と命名した。この山の魅力を一言でいうと、登りが比較的容易でありながら北日高を一望できる展望の良さだろう。遠い存在だった日高山脈核心部とカール地形の展望を、一般登山者のものにしてくれたのである。

登山道は22年の年月をかけてピパイロ岳まで開かれ、さらに日高山脈の稜線としては明瞭な踏み跡が戸蔦別岳まで続いている。

芽室山の会コース

登山道に被害はないが林道が大規模に崩壊

■特記事項

２０１６年夏の台風により、登山口へ至るトムラウシ沢林道が被災、通行止めが続いている。区間は美生《びせい》ダム手前の林道入り口ゲートから全線で、距離は約７キロ。複数箇所で崩落、落橋などしている。19年秋にゲートから約１キロの地点で部分的な復旧工事が行われたが、その先については具体的な見通しは立っておらず、全線開通には年月を要しそうだ。

地元の芽室山の会によると、登山口から先の登山道ならびに伏美

林道の復旧工事は始まったばかり

途中から見るルベシベ山(左)

登山口手前に立つ伏美岳避難小屋

頂上近くで視界が開けてくる

初夏のムラサキヤシオツツジ

岳避難小屋については、台風の直接的な被害はほとんど受けていないとのこと。またこの状況でも、毎年、同会では登山道のササ刈りや林道崩壊箇所の目印付けなどの整備を行っているそうで、大いに感謝すべきことだろう。

なおゲート付近に駐車する場合は、大型工事車両の通行を考慮し、細心の注意を払う必要がある。

■ガイド（ダイジェスト）

以下のガイドは16年以前の情報を基にしているが、前述のように登山道に大きな変化はない。

登山口は避難小屋の約３００メートル先の林道終点である。歩き始めてすぐの小沢は唯一の水場だ。緩やかな斜面を一つ二つ折り返し、あとは急な尾根をぐいぐいと登ってゆく。樹林帯が頂上直下まで続くので眺望は望めないが、ここは

頂上から南に広がる展望

同じく頂上から西〜南西方向の展望

じっと我慢の登りだ。

標高１１５０メートル付近で傾斜が急に落ち、針葉樹林に入る。さらに高度が上がるとムラサキヤシオツツジが群れて咲き、剣山、芽室岳、十勝幌尻岳などが見えてくる。

頂上直下でようやく樹林帯を抜け、チシマザサの中にチシマヒョウタンボクやイソツツジなどを見る。そこからほどなくでハイマツに覆われ岩が露出した頂上だ。

目の前には日高山脈の最高峰である幌尻岳ととがった戸蔦別岳が並び、岳人憧れのカールも見える。南側はエサオマントッタベツ岳からカムイエクウチカウシ山、コイカクシュサツナイ岳、ソエマツ岳まで確認でき、さらにその先も山の重なりが続く。伏美岳山頂は東西に長く、奥のピークへ行くとピパイロ岳方面がよく見える。

■コースタイム

標高差　約 1060m

登り　　3 時間

下り　　2 時間

（登山口から）

体力（標高差）	45点
登山時間加算	C
高山度（標高）	A
険　し　さ	D
迷いやすさ	D
総合点60点（中級）	

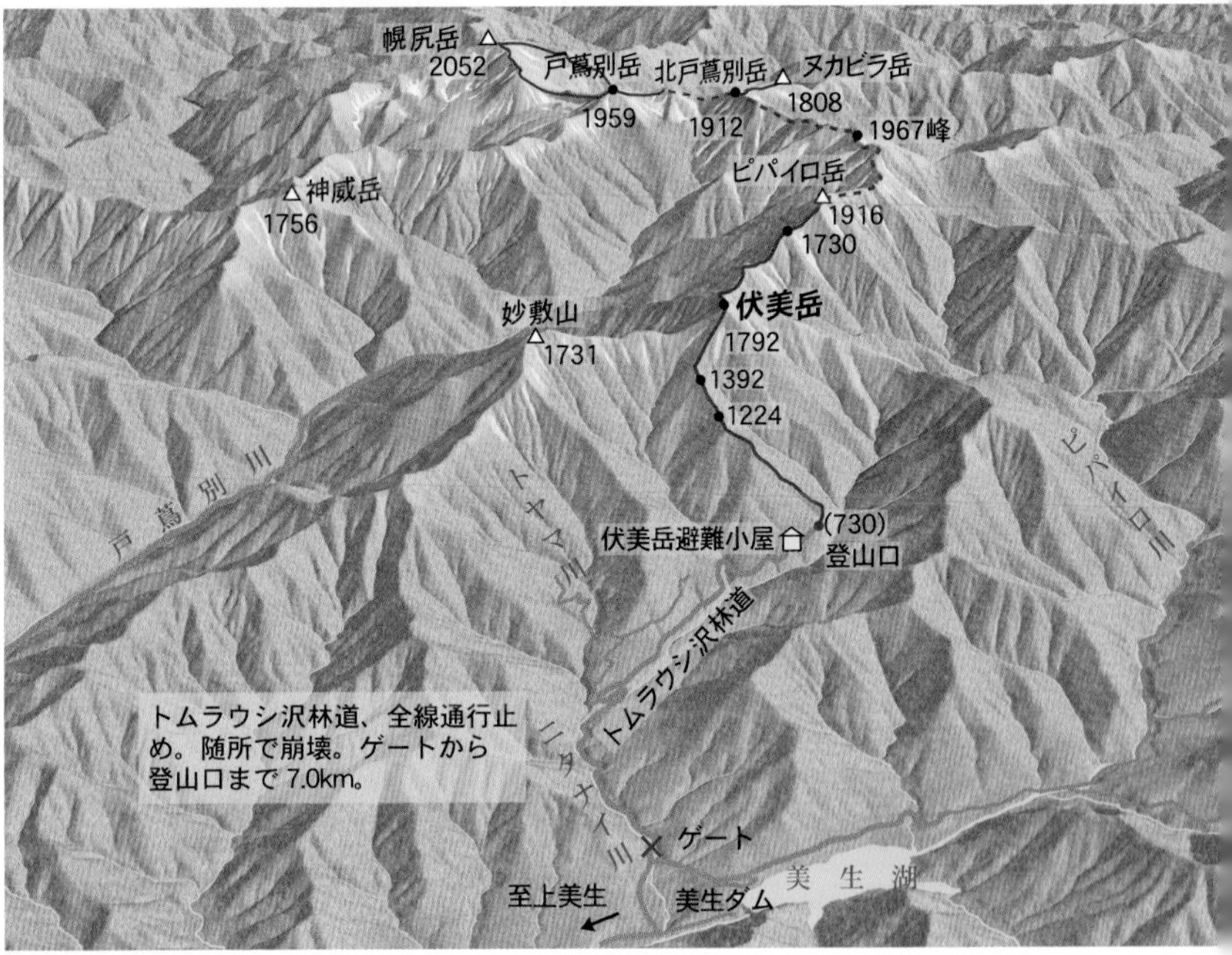

1916m

ピパイロ岳《だけ》

北戸蔦別岳から

日高山脈はこの山から南下するに従い、鋭い稜線と深くえぐれた渓谷の「らしさ」を見せ始める。

国境稜線上にある山だが、頂上は東に延びる支稜上にある。

十勝側から伏美岳を経由しての長い登山道があり、戸蔦別岳方面への縦走路もある。

山名はピパイロ川の源流部にあることにより、ピパイロは「沼貝（からす貝）・多い」の意味である。一時美生の文字を当てたが、今は山以外「びせい」と読んでいる。

伏美岳コース

長い長い尾根歩きの耐久コース

■ 特記事項

アプローチの林道や登山道の状況については「伏美岳」（74ページ）と同じ。芽室山の会によって伏美岳～ピパイロ岳間も刈り払いなどが行われているとのことである。

林道が通行止めになる以前は、健脚者であれば日帰りが可能であった。だが、長く崩壊した林道歩きが加わる現在は、伏美岳避難小屋への前泊、または伏美岳山頂をベースとした往復の計画が必要だ。技術的に難しいところはないが、体力が要求される山といえよう。

■ ガイド（ダイジェスト）

以下のガイドは伏美岳の項同様、２０１６年以前の情報を基にしているが、台風による大きな変化はないといっていい。

伏美岳までは74ページを参照のこと。東西に長い伏美岳山頂の中間部にはテントが張れる程度のスペースがある。

伏美岳から岩とハイマツの急な尾根を降り、ダケカンバ林に入る。

伏美岳から見たピパイロ岳への長い稜線

コース途中からの国境稜線と幌尻岳(中央奥)

■コースタイム

獲得標高差　約 1500m

登り　6 時間

下り　4 時間 50 分

(伏美岳登山口から)

体力(標高差)	55点
登山時間加算	B
高山度(標高)	A
険　し　さ	B
迷いやすさ	C
総合点85点(上級)	

伏美岳を後に歩きにくい稜線をたどる

ピパイロ岳の登りまで西へ西へと稜線をたどるが、ほとんどが樹林帯で展望は期待できない。

１５４６㍍のコルまで下り、二つのはっきりしない起伏を越えると水場のコルである。水場は北へ20分ほど下るが、帰りは倍の時間をみること。

小さなコブを越えて、いよいよピパイロ岳への急な登りにかかる。大きなダケカンバとササの斜面を登るにつれ、右側の雪田跡にお花畑が広がってくる。ミヤマキンバイ、ショウジョウバカマなどの高山植物を楽しむうちに、ピパイロ岳の肩に到着だ。肩から頂上まではハイマツの尾根を15分ほど。

山頂からは戸蔦別川を挟んだ十勝幌尻岳や北戸蔦別岳の展望が圧巻だ。なお、山頂から国境稜線までは30分ほどである。

ピパイロ岳が近くなると背後に伏美岳(左)と妙敷山(右奥)を望むようになる

ピパイロ岳から南側の大展望。この光景に接するために長い長い稜線と格闘してきたのかもしれない

1912m

北《きた》戸《とっ》蔦《た》別《べつ》岳《だけ》

1808m

ヌカビラ岳《だけ》

幌尻岳から。①北戸蔦別岳、②ヌカビラ岳

北日高の中心部を成す山塊にあるが、周囲の山々に圧倒されている感がある。北戸蔦別岳は千呂露川の支流、二岐沢から登山道が付けられているほか、国境稜線上にあるために縦走の途中に立ち寄られることも多い。山名は戸蔦別岳の北にあることによる。

ヌカビラ岳は地形図にその名を見ないが、コース途中の1807.8mの山である。山名は額平（ノカ・ピラ＝像が彫られたような崖）川に由来する。

千呂露川・二岐沢コース

北日高、国境稜線への最短コース

■ **交通**

JR占冠駅から日高町営バス（☎01457-6-2084）占冠線で終点日高総合支所下車。そこから登山口の二岐沢《ふたまた》出合まで日高ハイヤー（☎01457-6-7107、要予約）が利用できる。

■ **マイカー情報**

日高町日高市街から国道274号を日勝峠方面に約8・5キロ走り、千栄《ちさか》から千呂露《ちろろ》川沿いの道路に入る。道なりに約7・5キロで未舗装となり、その先1キロで通常開放されたゲートと登山ポストがある。さらに約9キロで登山口となる二岐沢出合に着く。10台程度の駐車場と簡易トイレがある。取材時の林道状況は良好だった。林道とゲートの状況確認は日高北部森林管理署（☎01457-6-3151）まで。

体力（標高差）	50点
登山時間加算	B
高山度（標高）	A
険しさ	A
迷いやすさ	B
総合点85点（上級）	

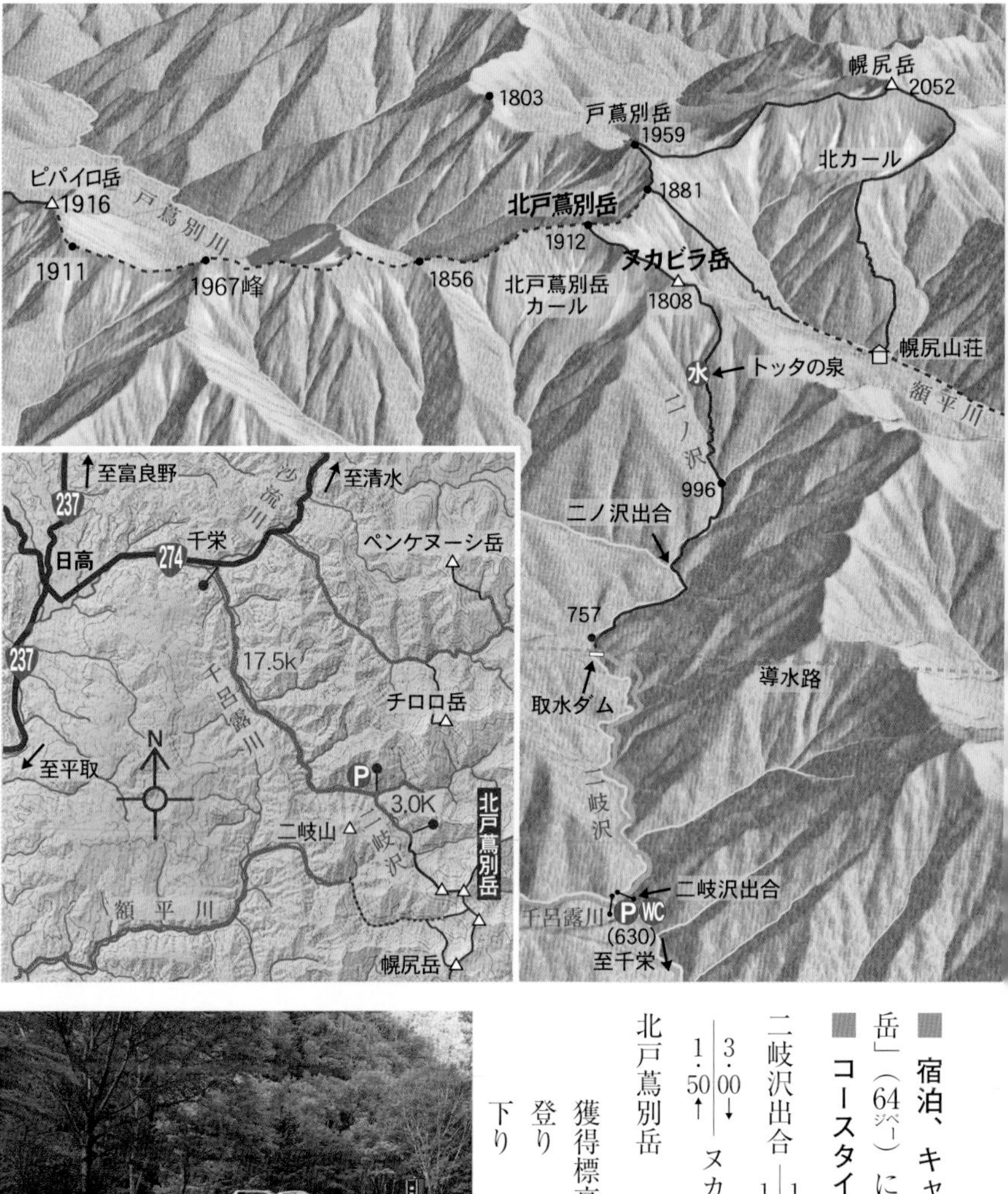

二岐沢出合。左のゲートから管理道路へ

■宿泊、キャンプ場は「チロロ岳」（64ページ）に同じ。

■コースタイム（日帰り装備）

二岐沢出合 ―1:30↓ 1:20↑― 二ノ沢出合 ―3:00↓ 1:50↑― ヌカビラ岳 ―0:50↓ 0:40↑― 北戸蔦別岳

獲得標高差　約1320メートル

登り　5時間20分

下り　3時間50分

沢沿いのコースだが登山靴で大丈夫だ

取水ダムから山道が始まる

■ガイド（撮影　8月6日）

二岐沢出合のゲートから千呂露川本流にかかる橋を渡って二岐沢沿いの林道に入る。この道は北海道電力の管理道路で、終点の取水ダムまで約3キロある。

取水ダムはチロロ岳曲り沢コースや幌尻岳額平川コースで見るものと同じものだ。地形図を見ると分かるが、これらは山中地下の導水管で約25キロにわたって結ばれ、幌尻岳新冠コース近くの奥新冠発電所に導かれている。工事が行われたのは昭和30年代で、険しい山中を寸分違わずうがつ日本のトンネル技術には改めて驚くばかりだ。とともにこれら施設の管理道路のおかげで、今日、我々は日高山脈の主稜線級の山に1日2日で立てもするのである。

さて、ダムからいよいよ山道の始まりだ。気を引き締めて左岸沿

遠く稜線を望みながら二ノ沢を登る

かんらん岩の稜線が近づいてきた

急登の途中で湧き出るトッタの泉

稜線が近づくと周囲の展望が開け、気持ちもはやってくる

いの踏み跡に入ろう。林道や国道に甚大な被害を及ぼした台風だが、ここでは意外なほどその影響を感じられない。たまに新旧の踏み跡が錯綜《さくそう》したり目印のテープが途切れるものの、周囲をよく見れば取るべき進路は判断できる。

ただ、沢が大きく左に曲がる地点は土石が押し出され踏み跡も流失している。河原を歩き、中洲状の林の100メートルほど上流で、左岸の一段高い所に踏み跡の続きを見つけられる。この踏み跡を行けば自然と二ノ沢に導かれるが、河原

エゾミヤマアケボノソウ

明るく開け展望もいい
ヌカビラ岳山頂

ヌカビラ岳からハイマツの原を
渡って北戸蔦別岳へ

を歩き続けた場合は出合を見落とさないよう注意したい。

二ノ沢に入ってすぐ、ゴルジュ状に岩がせり出した所を通過し、その後は狭く水量の減った沢に沿って踏み跡を進んでいく。徐々に傾斜が増し、渡渉を繰り返すようになると、沢の奥に目指すヌカビラ岳の稜線が見えてくる。

標高１１００メートルを超え、行く手を阻む多段の滝が現れたところで、沢を離れて右手の樹林帯に入る。稜線までは標高差約７００メートル。これを一気に登るのだ。針広混交林の広い尾根は直登とジグザグとを繰り返しながらただひたすら高度を上げてゆく。標高１４００メートル付近のトッタの泉はコース上最後の水場。チョロチョロながらも十分くめるだけの水量がある。

道はさらに傾斜を増してゆく。

稜線のお花畑越しに見るチロロ岳の双耳峰(右)。遠く夕張山地も望める

エゾウサギギクやチシマフウロ、エゾツツジなどが咲くお花畑

高度も上がり、振り返ればまばらになったダケカンバの向こうにチロロ岳の双耳峰、さらには遠く芦別岳や夕張岳も見えてくる。

やがて道は斜面を左上するようになり、視線の先にヌカビラ岳の岩稜が迫ってくる。一方、足元で小さくかれんな花を咲かせるのはアリドオシランやリンネソウ、エゾミヤマアケボノソウなど。その姿に励まされながら茶褐色のかんらん岩地帯を登り詰めると、ぱっと目の前が開けて稜線上に躍り出る。視界に飛び込んでくるのは北カールを抱えた幌尻岳と鋭角な戸蔦別岳だ。日高の山の展望は、いつもドラマチックな幕開けである。

ヌカビラ岳の山頂は一つ先の丸い高みで、三等三角点が設置されている。そこから柔らかなラインを描くハイマツの稜線の先に見え

北戸蔦別岳から登ってきた
ヌカビラ岳方面を眺める

立派な山名板が迎えてくれる

るのが北戸蔦別岳だ。

展望を楽しみながらそのハイマツ帯をゆくと、左手一面に花が咲き乱れるカール状地形が現れる。二岐沢三ノ沢源頭のお花畑である。チシマフウロ、チングルマ、エゾノハクサンイチゲ、タカネトウウチソウ、エゾツツジなど色も種類も豊富だ。ただ、こんなところの常としてヒグマの痕跡も多い。

喜んだりビビったりしながら大きく平たいコブを越え、最後に控えるハイマツの急斜面を登れば待望の頂上だ。先ほどのヌカビラ岳の展望に加え、東側すなわち十勝側が新たに開ける。目の前にはカールを挟んで戸蔦別岳からエサオマントッタベツ岳へと続く国境稜線、左に目をやればピパイロ岳から伏美岳への稜線が連なり、縦走への夢を巡らせてくれよう。

山頂から望む幌尻岳と戸蔦別岳
北へ続く国境稜線の展望

2052m

幌尻岳《ぽろしりだけ》

平取町振内から

ポロ（大きい）シリ（山）の名が示すように、日高山脈の最高峰である。同名の山、特に十勝幌尻岳と区別するために日高幌尻岳の名で呼ばれることも多い。

この山への夏道は、平取町側の額平《ぬかびら》川コース、新冠町側の新冠コースが一般的だ。額平川コースは最短で管理人常駐の幌尻山荘もあるが、十数回に及ぶ渡渉があり難易度が増すうえ天候に左右されやすい。対して新冠コースは長い林道歩きを覚悟する必要がある。

額平川コース

渓流から尾根へ 日高の人気コース

■ **交通**

起点となる平取町振内《ふれない》までは、ＪＲ日高線富川駅から道南バス（☎０１４５７−２−２３１１）日高行きで振内案内所下車。ただし、日高線は災害運休のため鵡川−富川間は代行バスとなる。富川までは札幌発の道南バス「高速ペガサス号」（☎０１４３−45−２１３１）も利用可能。振内からシャトルバス発着点のとよぬか山荘へはタクシー（振内交通☎０１４５７−３−３０２１）を利用する。

またはＪＲ占冠駅からタクシー（右記に同じ）で直接とよぬか山

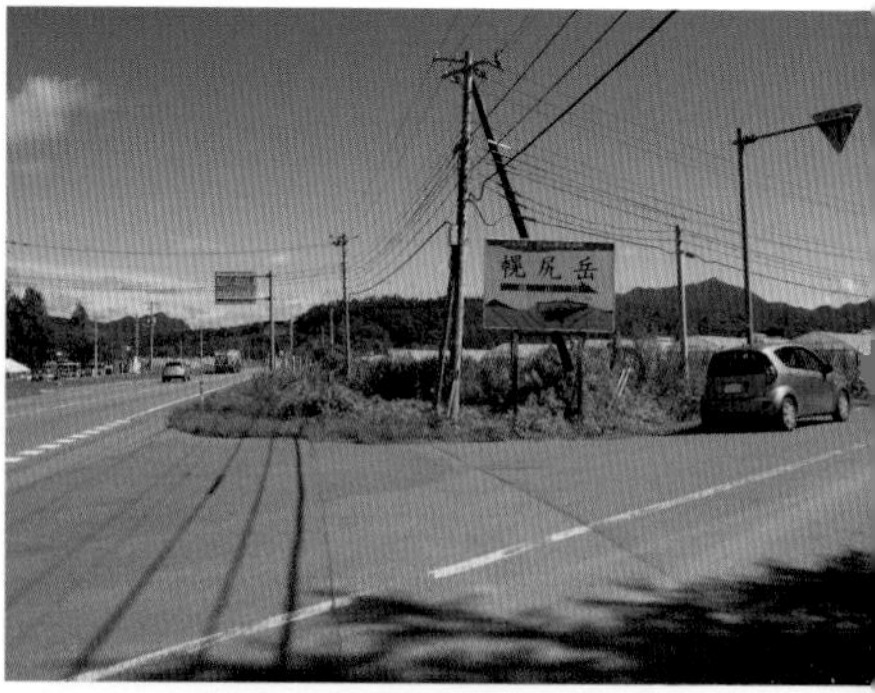

国道237号から道道638号へ

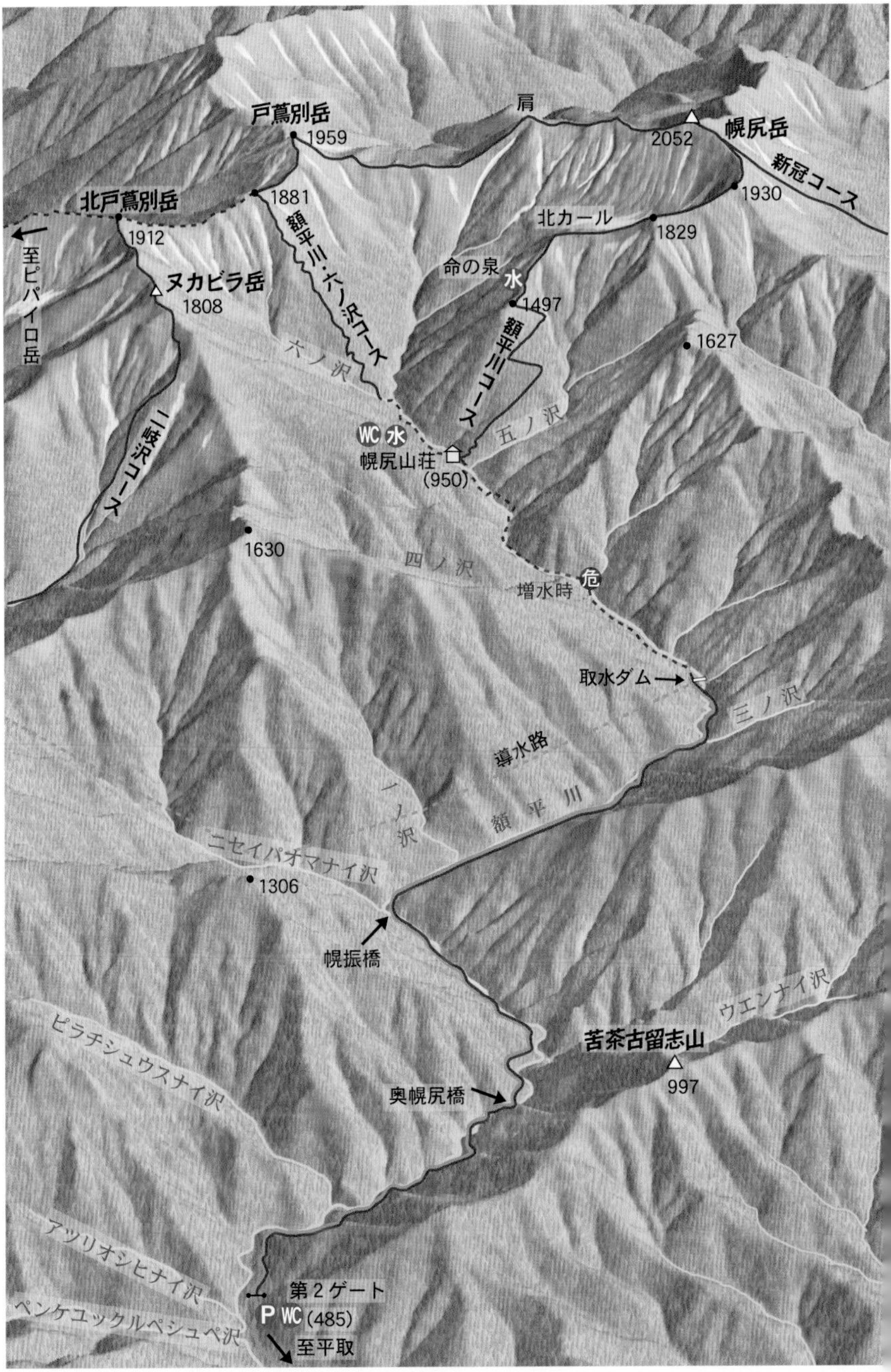

戸蔦別岳
1959
肩
幌尻岳
2052
新冠コース
1930
北戸蔦別岳
1881
1912
至ピパイロ岳
北カール
1829
額平川・六ノ沢コース
命の泉
水
ヌカビラ岳
1808
1497
額平川コース
1627
六ノ沢
二岐沢コース
WC
水
幌尻山荘
(950)
五ノ沢
1630
四ノ沢
危
増水時
取水ダム
三ノ沢
導水路
額平川
一ノ沢
ニセイパオマナイ沢
1306
幌振橋
ピラチシュウスナイ沢
ウエンナイ沢
苦茶古留志山
997
奥幌尻橋
アッリオシヒナイ沢
第2ゲート
ペンケユックルペシュペ沢
P
WC
(485)
至平取

林道を取水ダムへと向かう

簡易トイレと避難所がある第２ゲート

荘に入る方法もある。

とよぬか山荘から登山口の第2ゲートまではシャトルバスを利用する。詳細は93ページを参照。

■マイカー情報

平取町振内から国道237号を日高方面に約3キロ走り、幌尻岳の大きな案内板に従って道道638号に入る。そこから約9キロでとよぬか山荘。車は山荘に駐車し、シャトルバスで第2ゲートに入る。

■とよぬか山荘、幌尻山荘は93ページの囲み記事を参照のこと。

■コースタイム（一部縦走装備）

第2ゲート ―2:20↓ 2:10↑― 取水ダム ―2:10↓ 2:00↑― 幌尻山荘 ―1:50↓ 1:20↑― 命の泉 ―2:20↓ 1:40↑― 幌尻岳

※第2ゲートから

標高差　約1570メートル

登り　8時間40分

下り　7時間10分

■ガイド（撮影　9月11日他）

このコースは幌尻山荘に前後2泊しての3日行程が一般的だ。アプローチのシャトルバス、ならびに幌尻山荘は事前予約が必要だが、人気が高く定員に達する日も多いので、早めに計画したほうがよい。

また、取水ダム―幌尻山荘間は20回近くの渡渉を含む沢登り的な行程となる。過去には増水した川に流される事故が何件もあり、特に下山を強行したことによるケースが目立つ。予備日を含めた余裕ある計画を立て、絶対に無理をしないでほしい。

体力（標高差）	55点
登山時間加算	A
高山度（標高）	A
険しさ	A
迷いやすさ	A
総合点100点（上級）	

とよぬか山荘

旧豊糠中学校を利用した相部屋の宿泊施設。シャトルバスの発着点にもなっている。素泊まりも2食付きも可能だが、火器を使った自炊は不可。要予約。
▶収容人員＝24人
▶開設＝7～9月
▶問い合わせ・予約先＝現地☎01457-3-3568

幌尻山荘

額平川五ノ沢出合に立つ管理人常駐の山小屋。食料、寝具は持参。
▶収容人員＝45人（予約制）
▶開設＝7～9月。1泊2000円
▶問い合わせ・予約先＝平取山岳会 ☎01457-3-3838（4月：9～12時、13～16時。5～6月：9～12時。平日のみ）。7～9月はとよぬか山荘へ（7時30分～17時）

シャトルバス

とよぬか山荘から登山口となる第2ゲートまでの約22㎞は一般車両の乗り入れを規制している。この区間は平取町運行のシャトルバスを利用する。なお、降雨状況により運休することがある。
▶運行期間＝7月1日～9月30日
▶料金＝片道2000円、往復4000円。予約制
▶問い合わせ・予約先＝とよぬか山荘（上記に同じ）

シャトルバス時刻表（2020年7～9月、予定）

とよぬか山荘	発	4：00	8：00	10：40	
第2ゲート	着	5：00	9：00	11：40	
第2ゲート	発		9：30	12：00	17：00
とよぬか山荘	着		10：30	13：00	18：00

※各予約は電話のほか、http://horoshiri-biratori.jp/（平取町ホームページ）の一括予約フォームを利用すると便利。

平常時でもこの程度の水量はある

歩道に入ってすぐの岩場のへつり

渡渉の回数は約20回。暑い日なら気持ちもいいのだが……

足回りは沢靴を携行し、途中で履き替えるのがよい。

幌尻山荘へ

シャトルバスの降り場、第2ゲートからスタートする。まずは北海道電力の取水ダムまで7・5キロの林道歩きである。結構なアップダウンがあり退屈だが、いかにも日高らしいアプローチでもある。幌振橋を渡り、二ノ沢、三ノ沢と数えると間もなく取水ダムに着く。

日高山脈の固有種、エゾトウウチソウ

岩盤から水が滴る「命の泉」

小屋からしばらくは急斜面のつづら折り

馬てい形のカール壁上を頂上(左奥)に向かってたどってゆく

林道はここで終わり、沢靴に履き替えて額平川右岸の歩道に入る。すぐに岩場のへつりが現れるが、足元はしっかりし鎖もあるので落ち着いて通過しよう。その後は小屋へのほぼ中間点となる四ノ沢出合手前まで、右岸に道がある。

大きく岩が張り出し、函《はこ》状になったところで最初の渡渉点を迎える。すぐ上流に滝となって注ぐ四ノ沢があり、水量もあるので慎重に。これを皮切りに何度となく渡渉を繰り返し、額平川をさかのぼってゆく。赤テープやペンキの目印があるが、状況が変わることもあるので適宜判断が必要だ。

正面遠くに稜線が見えてくると渡渉は一段落し、再び右岸に沿った道をたどるようになる。やがて対岸に小屋が見えてきたら、最後に左岸に渡って到着だ。

背後にそびえるのは戸蔦別岳。登るに従い、その奥の国境稜線も見えてくる

新冠コースと合流すると山頂はもう近い

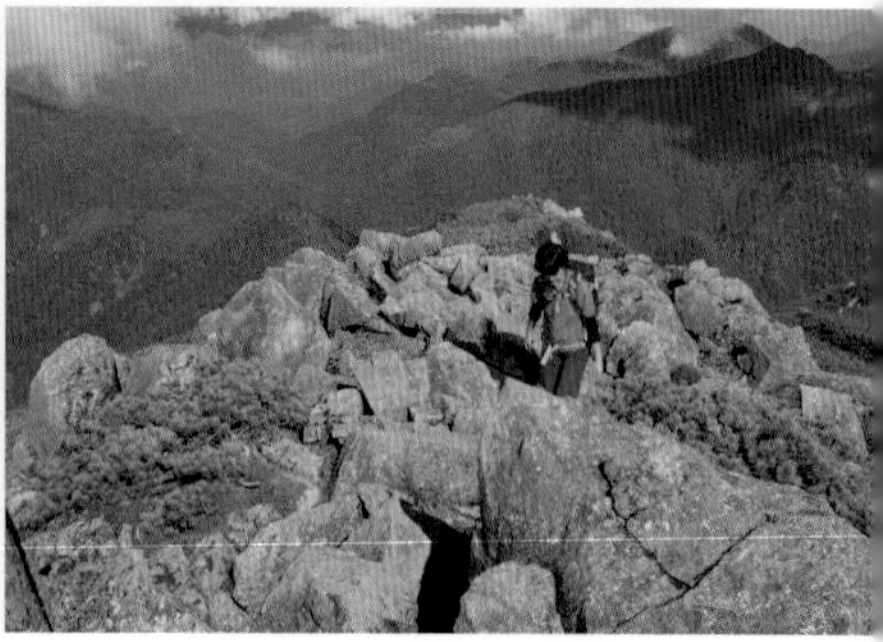

カール壁後半は岩稜帯を歩く

幌尻岳へ

シュラフや炊事用具など不要な荷物は小屋にデポし、日帰り装備でアタックしよう。

最初は針葉樹に覆われた急斜面をジグザグを切って登ってゆく。展望は利かずひたすら我慢のしどころだ。標高差500㍍ほどを登ったところで大きく2度3度折り返し、1497㍍標高点の尾根の頭に出る。そこから傾斜の緩んだダケカンバの尾根道をゆくと、命の泉で、斜面を入った先の岩盤から冷たい水がしたたっている。ただし秋には涸《か》れ気味となる。

ここを過ぎると程なく森林限界となり、ハイマツと岩の急斜面に入る。岩を乗り越えるごとに展望が広がり、気分は爽快だ。登り詰めた所は北カールを囲む馬てい形の壁の突端で、雄大なカール地形

幌尻岳山頂から日高山脈南方の展望。名だたるピークが連なる

南東には①エサオマントツタベツ岳、②札内岳、③十勝幌尻岳が

とその奥の幌尻岳を一望できる。カールが国内で見られるのは本州の中部山岳と日高山脈だけである。日高山脈のそれは規模こそやや小さいが、顕著な地形が多く見られるのが特徴といわれている。

道はカールを囲む稜線をたどり、足元には高山植物がにぎやかだ。高度が上がるにつれて周辺の山々も姿を現し始める。そして南にイドンナップ岳が見え始めるとルートは左に回り込み、ハイマツ混じりの岩稜上をゆくようになる。やがて右から新冠コースが合流すれば、頂上はもう指呼の間だ。

山脈の最高峰であることに加え、国境稜線から外れているので、ずらりと並ぶ山々の展望が素晴らしい。足元には新たに東カールも広がり、展望をさらにぜいたくなものとしている。

これも日高の奥深さ——ポジティブに考えれば、林道歩きもまた楽し！？

新冠コース
長い林道歩きから急登に次ぐ急登

■特記事項

2018年8月の大雨により登山口に至る新冠林道で崩落が発生、イドンナップ山荘の手前約35キロの国有林ゲートから通行止めとなっている。20年度は一部の復旧工事が予定され、引き続き一般車両は通行できない。復旧状況については、日高南部森林管理署（☎0146-42-1615）まで。

なお、以下の情報は通行止め以前の取材を基にしたものである。

■交通

JR日高線新冠駅から登山口となるイドンナップ山荘までタクシー（北海交通☎0146-42-1141）を利用する。日高線は災害運休のため鵡川-新冠間は代行バスとなる。新冠まで札幌発の道南バス「高速ペガサス号」（☎0143-45-2131）も利用可能。

■マイカー情報

国道235号新冠市街手前から道道209号（通称サラブレッド銀座）に入り、「泉」集落から新冠ダムへと続く町道に入る。国有林ゲート（20年春現在ここから通行止め）から林道となり、途中、新冠ダムのダム堤を渡って約35キロでイドンナップ山荘に着く。案内標識などは一切ない。普通車で走行可能だが、常時ライトを点灯し十分に注意を。駐車場は山荘前広場に約30台分。

体力（標高差）	55点
登山時間加算	A
高山度（標高）	A
険しさ	B
迷いやすさ	C
総合点90点（上級）	

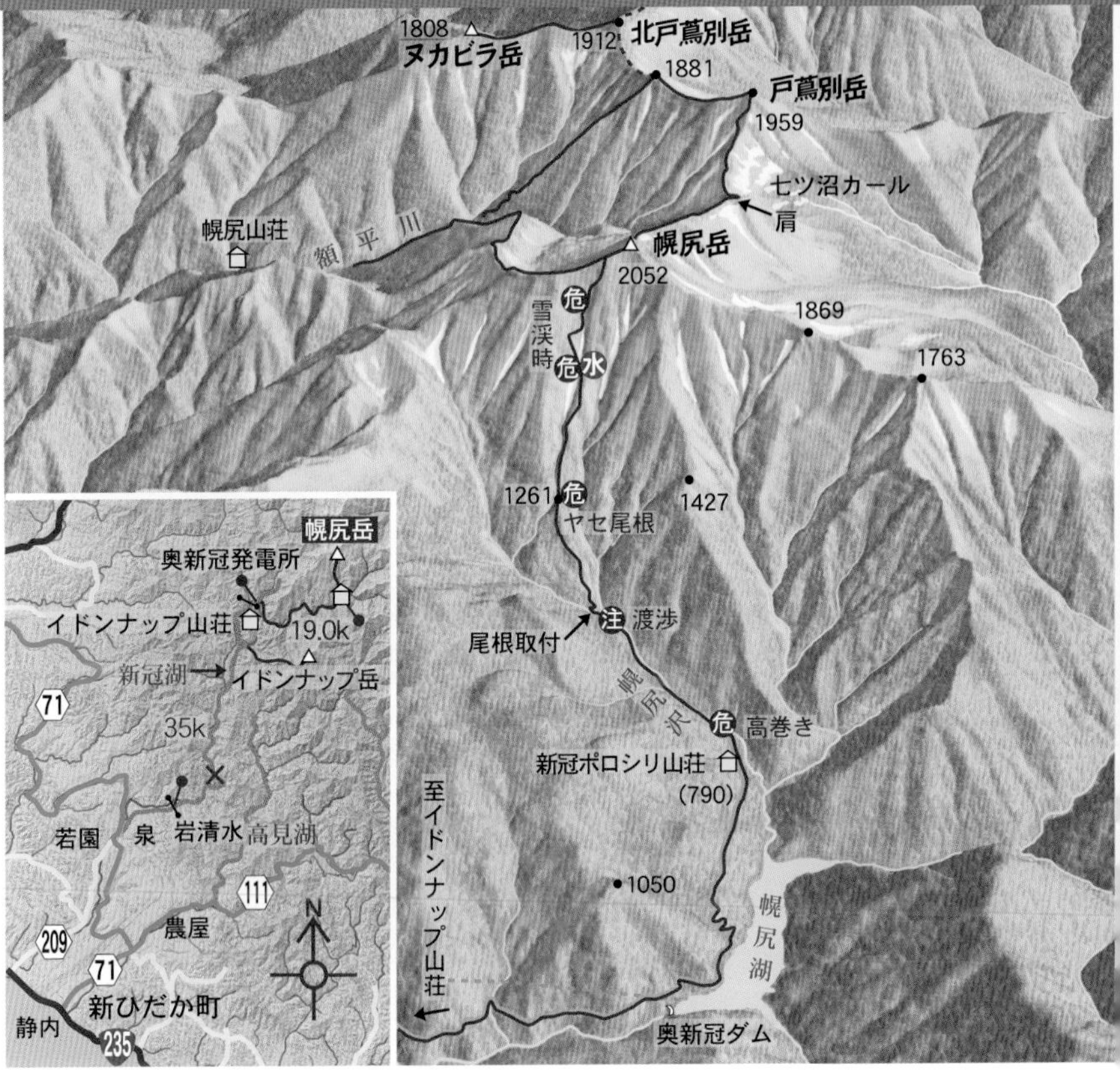

発電所ゲートは右へ。登山ポストもここ

■新冠ポロシリ山荘、イドンナップ山荘については103㌻を参照。

■コースタイム（一部縦走装備）

イドンナップ山荘 5:00↓ 4:50↑ 奥新冠ダム 0:50↓ 0:40↑ 新冠ポロシリ山荘 0:40↓ 0:30↑ 尾根取付 3:10↓ 2:10↑ 幌尻岳

※イドンナップ山荘から

獲得標高差　約2060㍍

三角屋根の新冠ポロシリ山荘

険しい渓谷に沿った道をゆく

新冠ポロシリ山荘から幌尻沢右岸に沿って進む

登り　9時間40分
下り　8時間10分

■ **ガイド**（撮影　9月10日）

本コースはテレビ番組でプロアドベンチャーレーサーの田中陽希さんが歩いたことにちなみ、新冠ポロシリ山岳会により「幌尻岳新冠陽希コース」と名付けられた。

その碑が立つイドンナップ山荘を後に林道を奥に進む。Y字路となった奥新冠発電所ゲートを右に入れば、新冠ポロシリ山荘まで延々19キロの林道歩きの始まりだ。

この林道は北海道電力の管理道路で、徒歩でのみ通行が許可されている。一帯はヒグマの出没が常態化しており、日の出前や日没後の歩行は慎みたい。新冠ポロシリ山荘2泊の余裕ある計画を立て、事故の無いように努めてほしい。

断崖をうがった道はアップダウ

展望の利かない急登が続く

渡渉は幌尻沢の1回のみ。奥に幌尻岳の稜線が見える

冷たい水がありがたい源頭の水場

ンがきつく、焦らず自分のペースで歩くのが疲れないコツだ。四角い大岩のある沢の次の沢―大理石沢がほぼ中間点。さらに進んでオーバーハングした岩をくぐり抜けると1963年竣工《しゅんこう》の奥新冠ダムが見えてくる。ダム湖を離れて森の中を登っていけば新冠ポロシリ山荘は間もなくだ。

幌尻岳へ

山荘の左側から幌尻沢右岸に沿った道に入る。すぐの高巻きは滑りやすく注意したい。支沢を渡り、かぶり気味の夏草やササを分けて進むと幌尻沢の二股に出る。右股の奥に幌尻岳の稜線を仰ぎ見られるが、まだ雲の上ほどに高く遠い。

左股の本流を飛び石で渡り、二股間の尾根に取り付く。急登ぞろいの日高の山でも屈指のキツさで、立ち止まるのもままならない

登るにつれ背後にイドンナップ岳の山塊と幌尻湖が見えてくる

日高山脈の最高点に立った！

大岩まで登れば稜線は近い

ほどだ。1261メートル標高点付近のやせた岩稜は注意して通過しよう。

その後も容赦ない急登が続くが、その分高度が上がるペースも早い。1600メートル付近で左に折れ、ガレ場となった源頭を横切る。ここは最後の水場でもある。この先のお花畑とともに、早い時期（おおむね7月上旬まで）は固くて急な雪渓が残り、ピッケル、アイゼンやロープが必要だ。

そのお花畑に入り、頭上に見える大岩を目標に一歩ずつ登ってゆく。右にカムイエクウチカウシ山やナメワッカ岳、背後からイドンナップ岳の雄大な景色が最後の力を与えてくれる。そして大岩の横を通り過ぎればつらい急登も終わり、稜線に出て額平川コースに合流する。すでに山名板が見えている山頂までは残り10分ほどだ。

コース上部のお花畑からカムイエクウチカウシ山方面を見る

ポロシリ山荘内部。２階もある

営林署の小屋だったイドンナップ山荘

新冠ポロシリ山荘

奥新冠ダムの奥にある避難小屋。混雑するので譲りあって使おう。収容人員30人。通年開放。

イドンナップ山荘

奥新冠発電所ゲートの手前、実質的な登山口にある２階建ての避難小屋。通年開放。

＊

両小屋とも維持管理協力金１泊1000円。利用は事前に新冠ポロシリ山岳会に申請書、利用届を提出する。詳しくは同山岳会ホームページ（http://poroshiri.info/index.html）を参照のこと。

▶問い合わせ先＝新冠ポロシリ山岳会（メールのみ）tu-hide-zipang@north.hokkai.net

右に北カール、左に七ツ沼カールを抱いた幌尻岳。戸蔦別岳から

戸蔦別岳コース

左右に七ツ沼カールと北カールを見ながら

■コースタイム（一部縦走装備）

第2ゲート ―4・30↓ 4・10↑― 幌尻山荘 ―3・50↓ 2・30↑― 戸蔦別岳 ―2・30↓ 2・10↑― 幌尻岳

※第2ゲートから

獲得標高差　約1835メートル

登り　10時間50分

下り　8時間50分

■ガイド（撮影　9月12日）

このコースは往復するというよりも、前述の額平川コースと結び、幌尻山荘を起点とした周回縦走のように歩くことが多いと思う。

幌尻山荘から戸蔦別岳までは「戸蔦別岳」（108ページ）を参照のこと。なお、大きな渡渉は幌尻山荘を出てすぐの1カ所だが、その後尾根に取り付くまで随所で川縁や飛び石伝いに沢を歩く。荷物になるが、沢靴で出発し、途中で登山靴に履き替えるのが快適だ。

体力（標高差）	55点
登山時間加算	A
高山度（標高）	A
険しさ	A
迷いやすさ	A
総合点100点（上級）	

戸蔦別岳から正面に巨大な幌尻岳を、左に七ツ沼カールを見ながら、急な砂れきの斜面をジグザグに下ってゆく。一度右側の斜面に入った道は再び稜線上に戻り、斜度が緩んで細い岩稜へと続く。その岩稜手前には七ツ沼カールに下る踏み跡がある。

道はのこぎりの歯のような小ピークをいくつか越え、標高約1730メートルの最低鞍部《あんぶ》へと下っていく。遠

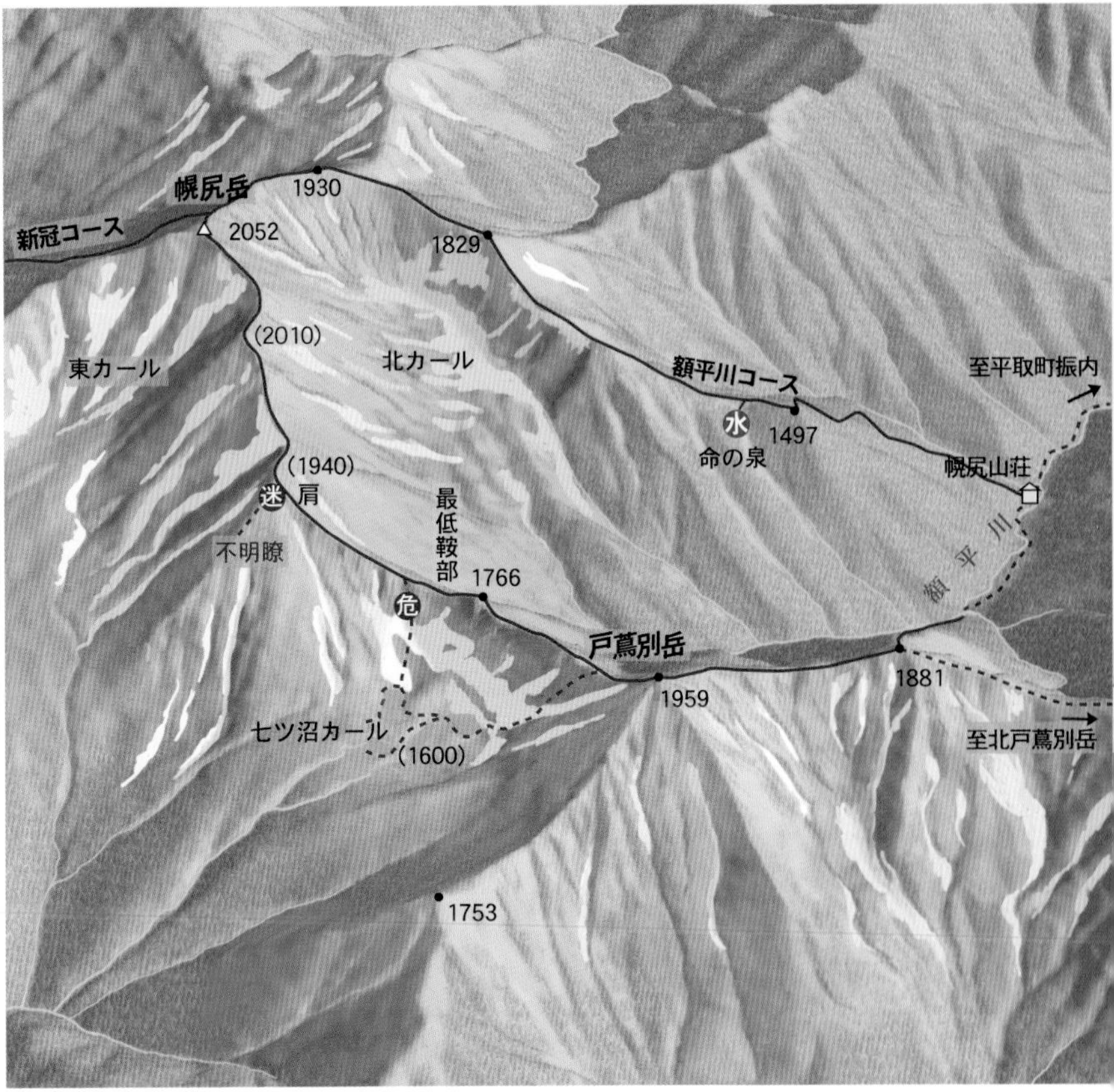

目には険しい稜線だが、ハイマツが深めなこともあって歩いてみるとさほど恐怖感はない。

　下りきった鞍部から今度は幌尻岳北東端の「肩」と呼ばれるピークへと登り返す。なお、目立たないがここにも七ツ沼へ下る踏み跡がある。

　肩への登りは標高差約200《メートル》、のけぞるような急斜面だ。伸び気

カール壁上の細い稜線をたどってゆく

肩から見る七ツ沼カールと戸蔦別岳。カール地形の見本のような景色だ

肩付近から見る2010mコブ。頂上はその奥だ

味のハイマツやザレたジグザグ道に消耗させられるが、落石やスリップに注意しながら着実に登ろう。

登りきって振り返ったときの絶景は感動ものだ。見事なカール地形に散りばめられた七ツ沼の湖沼群、重量感あふれる三角錐《すい》の戸蔦別岳、そして周囲や背後に連なる日高山脈核心部の山並み――。この景色を前に歓声を上げない人はいないだろう。

ここから幌尻岳山頂までは大した落差もなく快適な稜線歩きだ。豊富な高山植物を楽しみながら２０１０《メートル》のコブを越えれば、待望の山頂はもうすぐそこだ。

なお、額平川コースや新冠コースを往復する場合も、時間と体力が許せば、肩まで足を延ばしてみるといい。山頂から往復約１時間、その価値は十分にある。

エサオマントツタベツ岳を背景に眺める七ツ沼

七ツ沼カールへ

■**コースタイム**（日帰り装備）

戸蔦別岳 0:40↓ 1:00↑ 七ツ沼カール

2:30↓ 1:40↑ 幌尻岳

■**ガイド**（撮影　9月12日）

カールへ下りるには戸蔦別岳寄りと幌尻岳の肩寄りの2カ所がある。それぞれ下降点については前項を参照してほしい。ただし、後者は特に急なカール壁を下るため危険を伴う。前者はまだマシだが、それでも下り口付近は急《きゅう》峻《しゅん》なザレなので十分な注意が必要だ。また、下りる前にヒグマがいないかじっくりと確認するようにしたい。カールはヒグマにとっても快適な場所なのだ。

下り立ったカール底は周囲に美しいお花畑が展開し、氷河期の生き残りナキウサギの声がこだまする。いくつもの沼を仕切る低い丘は、氷河によるモレーン（堆石）だ。この美しい楽園を未来に残すためにも、ゴミの持ち帰りや携帯トイレの使用など、人間の痕跡を残さないことを心がけたい。

戸蔦別岳寄りの道も足元は不安定だ

1959m

戸蔦別岳《とったべつだけ》

平取町振内から

北日高の中でひときわ鋭く尖った山容を見せているのでどこからでもそれと認めることができる。それだけに展望も大変良いが、かんらん岩が露出した斜面では夕張岳と共通した珍しい花も見られるので、花ファンにとっても魅力的な山である。幌尻山荘から夏道があり、幌尻岳と縦走する人が多い。

山名は戸蔦別川の源流部に位置することにより、アイヌ語で「トッタ・ペツ」は箱（函《はこ》）川を意味するという。

額平川・六ノ沢コース

沢から登り応えある尾根道へ

■幌尻山荘までの行程、および**交通、マイカー情報、宿泊施設など**は「幌尻岳・額平川コース」（90ページ）を参照のこと。

イラストマップは91ページ

山荘の裏手で額平川を渡る

■**コースタイム**（一部縦走装備）

第2ゲート 2:20↓ 2:10↑ 取水ダム 2:10↓ 2:00↑ 幌尻山荘 3:20↓ 2:10↑ 1881メートル峰分岐 0:30↓ 0:20↑ 戸蔦別岳

※第2ゲートから

標高差　約1525メートル

登り　8時間20分

下り　6時間40分

■**ガイド**（撮影　9月12日他）

六ノ沢の尾根取付地点。テープと踏み跡を見落とさないように

途中には見応えあるダケカンバ林が

尾根の最初はササの刈り分け道を登る

幌尻山荘の裏手に続く踏み跡を入り、すぐに額平川を渡る。

右岸の踏み跡を上流にたどるが、以前に比べて分かりやすく目印もまめについている。とはいえ、川縁やぬかるんだ河畔林を歩くことも多く、尾根取付までは沢靴などの方が効

体力（標高差）	55点
登山時間加算	A
高山度（標高）	A
険　し　さ	A
迷いやすさ	A
総合点100点（上級）	

尾根上部からたどってきた額平川を見下ろす

1881ｍ峰の分岐

1881ｍ峰から望む幌尻岳と戸蔦別岳

率的だ。

　踏み跡は出合をショートカットする形で六ノ沢に出、これを少しさかのぼったところが尾根の取付点となる。標識などはないが、ササが刈られテープがついている。

　ここから国境稜線の１８８１㍍峰までは水平距離約１３００㍍に対して標高差８００㍍強の激しい急登だ。沢を離れてササの斜面に入り、ほどなくこれを抜けて樹林帯に突入する。展望の利かない中、ジグザグと直登を繰り返しながらひたすら高度を上げてゆく。

　美しいダケカンバ林からハイマツ帯に入ると標高はおよそ１５５０㍍。高度感ある展望が開け、これを楽しむうちに岩混じりの細い尾根となって１８８１㍍峰に着く。ここは国境稜線上の分岐で戸蔦別岳は右へ、左は北戸蔦別岳に通じ

戸蔦別岳から七ツ沼と
南に連なる山々を望む
(7月下旬)

幌尻岳を背景に頂上
でくつろぐ登山者

る。ただし六ノ沢方面への標識はないので下山時は注意したい。

戸蔦別岳までの稜線はかんらん岩が露出し、珍しい花々を探しながらの楽しい行程だ。特にユキバヒゴタイの多さは特筆に値する。最後はとがった頂への急な登りが待っているが、ここまでの尾根の急登を思えば何ということはない。

山頂からは足元に七ツ沼カール、その先にエサオマントッタベツ岳やカムイエクウチカウシ山などの名峰が幾重にもなって望まれる。

ユキバヒゴタイ(8月上旬)

ピパイロ岳頂上から戸蔦別岳への稜線を望む。中央右が北戸蔦別岳

ポンチロロ川源頭上の稜線からピパイロ岳を仰ぎ見る

周辺の縦走路①

ピパイロ岳から戸蔦別岳まで

日高山脈の縦走路としては「一級国道」の部分である。

ピパイロ岳の肩（１９１１メートル標高点、以下「メートル標高点」を省略する）西のコルから１７９３にかけてはハイマツが濃い。

１９６７峰はあまり注目されていないが、高さ、容姿、眺望共にそろった名峰で、東面はかなり急な登降となり、１９６７峰―１９０４間は岩峰のアップダウンが続く。

１９０４から１８５６までは奇岩とお花畑を縫っていく。

１８５６から北戸蔦別岳の肩１９０１まではハイマツの稜線だが丈は低い。

北戸蔦別岳から戸蔦別岳までは

ピパイロ岳頂上から 1967 峰(左)とピパイロ岳の肩(右)を望む

戸蔦別岳からピパイロ岳への稜線を望む。1967 峰がひときわ高い

1881 m 峰の北面と戸蔦別岳(左奥)

ほとんどブッシュもなく、快適な尾根歩きを期待できる。とりわけ１８８１メートル峰付近はかんらん岩の岩稜で、珍しい花たちとの出合いも楽しい。

　戸蔦別岳の東側には踏み跡が見られるが、これは戸蔦別川からの登路であり、神威岳への縦走路はない。

1752m

イドンナップ岳《だけ》

1667m

新冠富士《にいかっぷふじ》

幌尻岳新冠コース途中から
①最高点、②三角点、③新冠富士

国境稜線上の通称ナメワッカ分岐から西～南西に派生する長大な稜線上の山で、幌尻湖を挟んで幌尻岳と対峙《たいじ》する。1993年に新冠山岳会によって登山道が開削された。だが、起伏の激しい長いコースであることに加えてササかぶりも深く、日高通の間では頂の遠い山として一目置かれる存在である。

山名はイドンナップ川の水源であることによる。イドンナップはアイヌ語でアリの意味。

サツナイ沢・西尾根コース

幾つも起伏を越える長大コース

■ **特記事項**

２０１８年８月の大雨により登山口に至る新冠林道の通行止めが続いている。詳しくは「幌尻岳・新冠コース」（98㌻）を参照。

なお、以下の情報は２０１９年新冠ポロシリ山岳会の登山道整備・調査に同行取材したものである。

■ **交通、マイカー情報**は途中まで「幌尻岳・新冠コース」（98㌻）と同じ。登山口は新冠ダムのダム堤を渡った後、二つ目の顕著な沢であるサツナイ沢を渡った所で、国有林ゲート（２０２０年春現在、通行止め）から約29㌔。登山

新冠林道沿いの駐車スペース

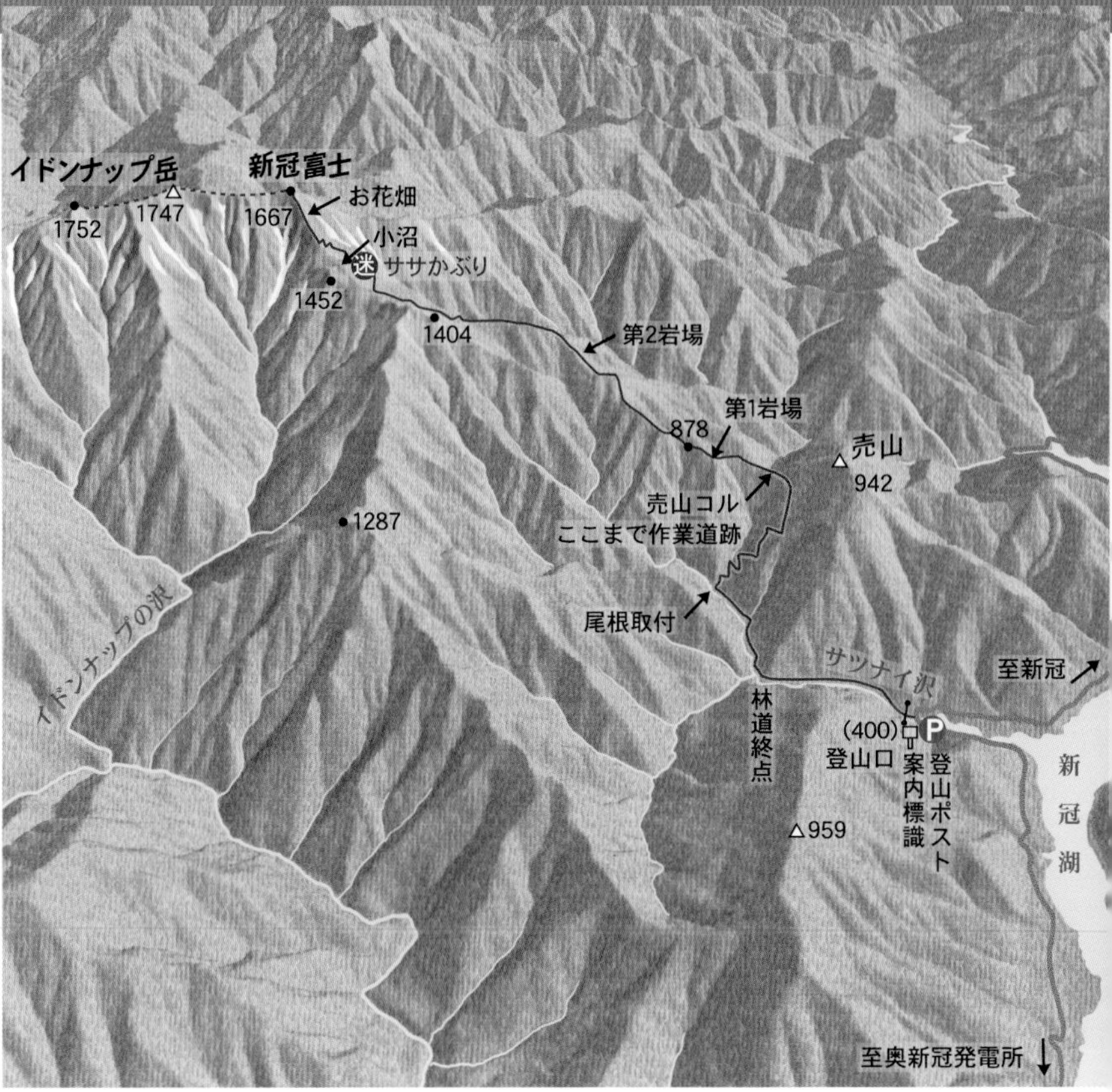

口の標識と登山ポストがある。以前は車で入れたサツナイ沢沿いの林道は通行不可となり、入り口からゲートで閉鎖されている。

駐車は登山口向かいの林道脇に5、6台分のスペースがある。

新冠富士まで

体力(標高差)	50点
登山時間加算	B
高山度(標高)	A
険しさ	B
迷いやすさ	A
総合点85点(上級)	

最高地点まで

体力(標高差)	55点
登山時間加算	A
高山度(標高)	A
険しさ	B
迷いやすさ	A
総合点95点(上級)	

■ **イドンナップ山荘**

登山口から新冠林道をさらに6キロ入った地点にある避難小屋。詳しくは103ページを参照のこと。

林道は渡渉もあるが登山靴で大丈夫

登山ポストのある登山口を出発

売山コルへの作業道跡は明瞭だ

サツナイ沢右股を登っていく

■コースタイム（日帰り装備）

登山口 1:00↓ 0:50↑ 尾根取付 0:40↓ 0:20↑
売山《うりやま》コル 1:30↓ 1:00↑ 第2岩場 3:00↓ 2:30↑
新冠富士 1:00↓ 1:00↑ 三角点 0:50↓ 0:50↑
イドンナップ岳（最高地点）

※新冠富士まで
獲得標高差　約1480メートル
登り　6時間10分
下り　4時間40分

※イドンナップ岳（最高地点）まで
獲得標高差　約1635メートル
登り　8時間
下り　6時間30分

■ガイド（撮影　6月15日他）

イドンナップ岳は長大な稜線を持つ山で、登山口寄りから新冠富士、三角点ピーク、最高点と並ぶ。ルートは急なアップダウンを繰り返す上、不明瞭で深いササ斜面が

売山コルから尾根上の踏み跡へ。ダニに注意！

固定ロープのある第２岩場の登り

売山とたどってきた尾根を振り返る

続くなど、体力的にも精神的にも疲れるロングコースである。俗に「日高最難最酷の夏道」「最後に登る山」などといわれる由縁だ。

登山道は新冠ポロシリ山岳会がほぼ毎年点検しているが、目印をつけるなど最低限の対処にとどまり、ササ刈りなど抜本的な整備は難しいのが現状だ。一般的には新冠富士を目標とするのが無難で、それでも決して無理をしない決意で入山すべきだろう。

標高 1250 m 付近から新冠富士を望む

新冠湖が“クリオネ”のような形に見えた

過酷なササ斜面のトラバースが続く

登山口からサッツナイ沢に沿った林道を進む。道は随所で崩壊し、河原と化した所もある。約2㌔でかつての登山口である林道終点の小広場。二股となった沢の右股に入る。踏み跡に沿って暗く狭い谷底を進み、約20分でテープの目印に従い右手の尾根に取り付く。

斜面にジグザグを切る道は古い作業道跡で、標高942㍍通称売山に向かって高度を上げる。中腹から左手にトラバースして稜線に出た所が売山コルである。

さぁ、ここからが本番だ。道は細い尾根上の踏み跡となり、すぐに急な登りに差し掛かる。以降、小刻みかつ急なアップダウンを繰り返しながら少しずつ高度を上げていく。間もなく現れる第1岩場は左側基部を巻いた後、ロープの掛かった急斜面を登る。標高

上部のダケカンバ帯に広がるシラネアオイのお花畑

草付きの急斜面を稜線へ

1452ｍ標高点前後は地形が複雑だ

新冠富士山頂。帰りも長いぞ

1000メートルを超えると右に緩くカーブし、振り返ればたどってきた尾根筋が見えるが、時間の割に距離が進まないと感じるかもしれない。

　第2岩場はさらに大きく、やはり左側基部を回ってから数ピッチの固定ロープで登り切る。急で滑りやすいので注意しよう。

　標高1200メートル付近で左に進路を変え、次第に稜線下のササ斜面

三角点付近から新冠富士を振り返る

東側が崖となったイドンナップ岳最高点

をトラバースするようになる。初めは北斜面（尾根左手）が多く、1404メートル標高点手前からは南斜面（同右手）に移る。ササは時に視界を遮るほどに深く、踏み跡も不明瞭。目印があってもルートを見失うほどだ。ササで滑りやすい足元を両手で補うため消耗も激しい。稜線の先に新冠富士が見えているが、すでに心は折れそうだ。1404メートルから1452メートル標高点にかけては、左に小さな沼やくぼ地を見ながら進む。紛らわしく複雑な地形もあるので、先々の踏み跡や目印をよく確認しながら進む。

ここを過ぎるとササは減り、草付きのダケカンバ林となる。シラネアオイ、オオサクラソウ、コバイケイソウなどが群生するお花畑もあり、思わず笑みもこぼれよう。

ロープの掛かった急斜面を直上して稜線の上に出、周囲が背の低いダケカンバからハイマツに変われば、長かった苦闘もようやく終わる。新冠富士の真新しい山頂標識がまぶしく見えることだろう。

イドンナップ岳の三角点、最高地点へは、かん木やハイマツのブッシュを分けながらさらに踏み跡をたどる。部分的に不明瞭な経験者向きの行程で、天候、時間、体力と相談のうえ判断されたい。

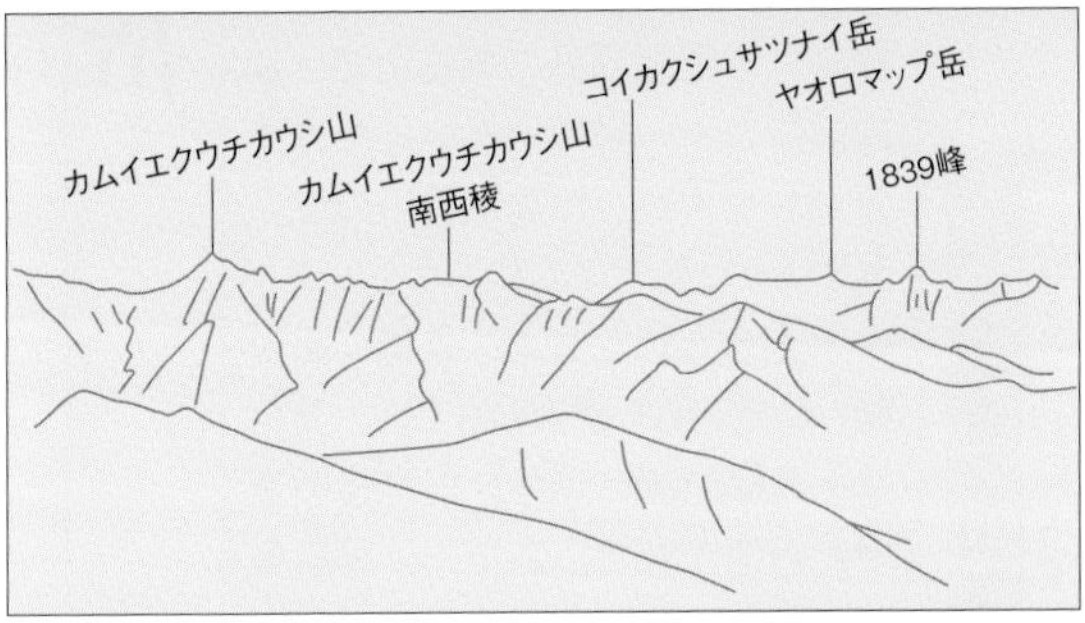

最高地点からの南望

最高地点から望む 1776 m ピークと幌尻岳(左)

751m

北《きた》日《ひ》高《だか》岳《だけ》

日高市街、沙流川にかかる橋から

日高山脈主稜線から遠く離れた日高町市街地郊外にある山で、日高国際スキー場の山といった方が分かりやすい。標高が低いので見渡すような展望は期待できないが、樹木が刈られたスキー場側（北西側）の見晴らしが素晴らしい。登山コースは北側の三号ノ沢林道の途中から開かれているほか、林道奥のサンゴの滝を巡るコースやスキー場内を歩くこともでき、低山ながらも変化に富んだハイキングが楽しめる。

レクの森登山コース

地形と地質の勉強を兼ねて展望の山頂へ

■交通

ＪＲ占冠駅から日高町営バス（☎０１４５７‐６‐２０８４）占冠線で終点日高総合支所下車。登山口の林道ゲートまで約１・７キロ、徒歩20分。または同駅から日高ハイヤー（☎０１４５７‐６‐７１０７、要予約）も利用できる。

■マイカー情報

日高町市街地の道の駅「樹海ロード日高」角の国道２７４号交差点を南進し沙流川を渡ってすぐに左折。その先の「国立日高青少年自然の家」入り口の斜め向かいが登山口となる林道ゲート。傍らに数台分ずつの駐車場がある。

■宿泊、キャンプ場は「チロロ岳」（64ページ）を参照のこと。

■コースタイム（日帰り装備）

登山口（林道ゲート）― 0:30↓ / 0:30↑ ― 歩道入り口 ― 1:10↓ / 0:40↑ ― 北日高岳

標高差　約４９０メートル
上り　１時間40分
下り　１時間10分

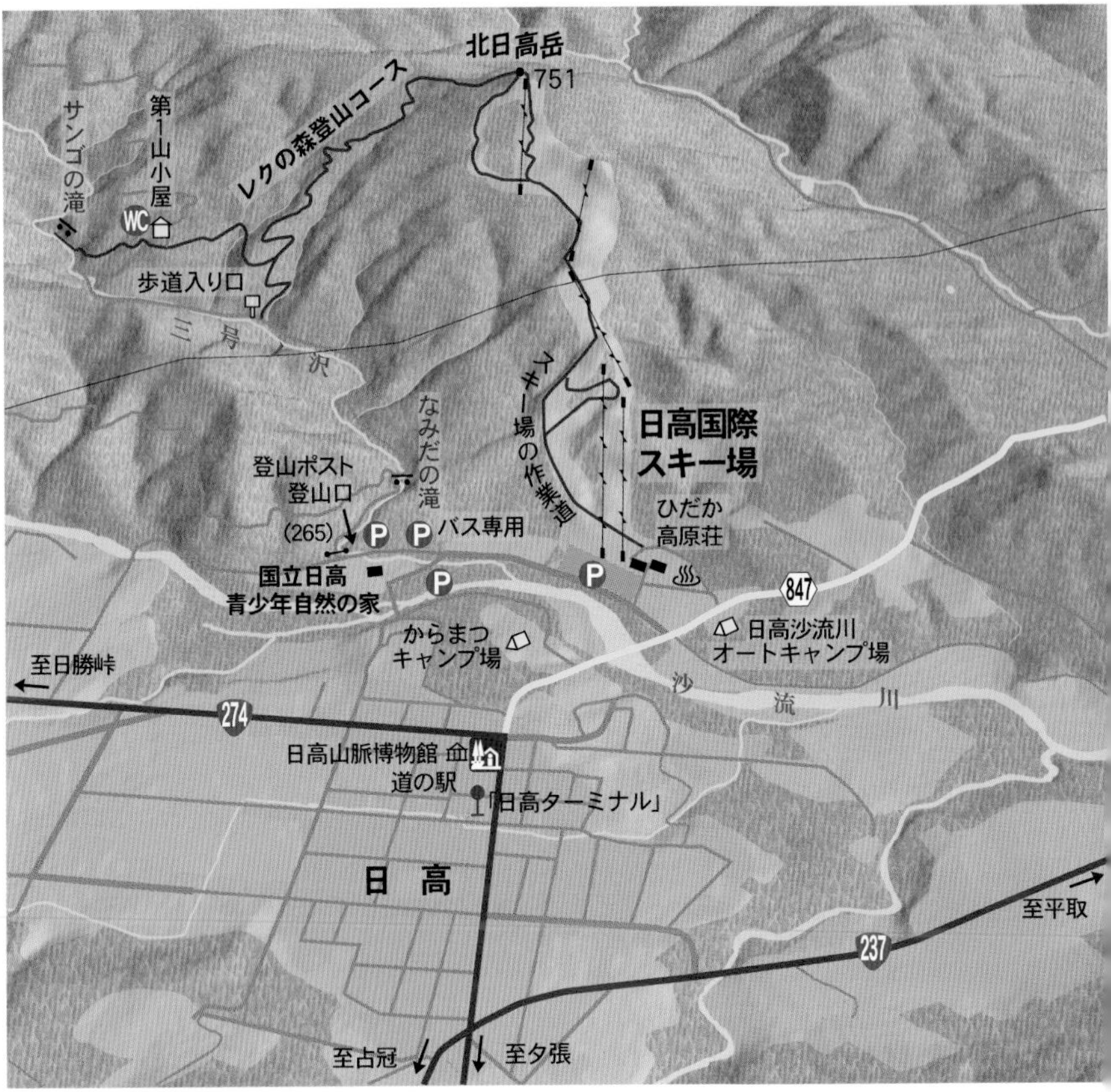

林道入り口付近の駐車場

■ガイド（撮影 7月12日）
北日高岳の北～東側一帯は、林野庁選定のレクリエーションの森として整備されている。以前、このコースに付いていた「岡春部沢コース」の名称は現在使われておらず、道標には単に「登山コース」の表示

体力（標高差）	35点
登山時間加算	D
高山度（標高）	C
険しさ	D
迷いやすさ	C
総合点40点（初級）	

三号ノ沢に沿って林道をゆく

登山ポストに記入して出発

林道からよく整備された登山歩道へ

岩を伝うように流れるなみだの滝

があるのみだ。本書では本コースを便宜上「レクの森登山コース」と呼ぶことにする。

　登山ポストの設置されたゲートから沢右岸の林道に入る。所々に地質の解説板があり、つい立ち止まるが、肝心の岩は夏草やブッシュに覆われ気味で見えにくいのが残念だ。ほどなく現れる「なみだの滝」は岩場を伝う程度の水量で、命名の妙を感じさせる。

　この先すぐ左に沙流川左岸林道が分かれ、さらに200メートルほど先に右後方に折れる作業道があるが、いずれも直進する。

　やがて現れる「登山コース」の標識が立つ分岐が歩道入り口で、これを右に入る。作業道のように広い道は初め小沢の右岸に沿っているが、じきに離れて折り返しながら斜面を登る。この辺りにはホ

高度が上がると細くなった沢が近づいてくる

舞台に飛び出すような感覚で頂上へ

山頂近くに広がる湿地のような場所

ソバノツルリンドウが多い。ツルリンドウの華やかさはないが、花冠の先が四つに裂けるのが特徴だ。

　山腹を横切るトラバース道に出た所でこれを右折する。左は後述するサンゴの滝に通じている。変化に乏しい尾根上の樹林帯を淡々と登っていくと、標高600《メートル》を過ぎたあたりで再び右に沢が近づいてくる。源頭付近で細流を2、3度またぎ、その後は勾配が緩んで平たんな林間に入ってゆく。

　左右に広がる湿地状の草地を抜け、登りに転じた道を右に大きく

ホソバノツルリンドウ(8月)

山頂からの展望。正面に夕張岳、右に芦別岳、眼下に日高市街地

十勝連峰も遠望できる

カーブすると、ほどなく前方が明るくなって頂上に飛び出す。ずっと樹林帯だっただけに、いきなり眼前に現れるリフト降り場には興ざめの感が拭えない。しかし、夕張山地から十勝連峰にかけての展望はそれを補って余りある。

帰路はスキー場の作業道を下ると所要時間は約1時間と早い。

立派な山名板が立っている

第１山小屋はトイレのみ使える

トラバース道と山小屋への分岐

取材時は涸《か》れていたサンゴの滝(右の岩盤)

また、サンゴの滝を経由して下山する場合は、往路途中のトラバース道のＴ字路を直進し、さらにその先の林道を下る。この滝はかつてこの地にあった鉱山の導水路造成によって現れたいわば人工の滝だという。名前は近くでサンゴの化石が見つかったことと、三号ノ沢にかけたものとか。山頂から滝経由で下山する場合の所要時間は1時間30分ほど。

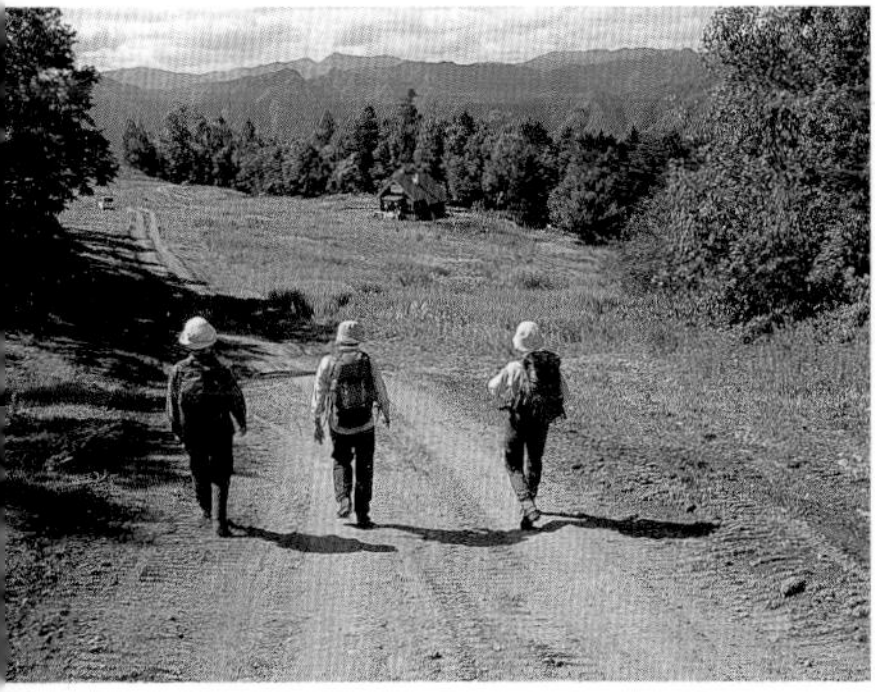

スキー場を下ると開放的で早い

1846m

十勝《とかち》幌《ぽろ》尻《しり》岳《だけ》

中美生付近から

日高山脈国境稜線上エサオマントッタベツ岳から東に派生する支稜上東端に位置する大きな山である。その位置、高さからして格好の山脈展望台といえる。特に札内川源流域に連なるカール群が大変よく眺められる。

戸蔦別川支流オピリネップ川から登山道があったが、2016年の台風で林道もろとも流失した。

山名は十勝地方にあるポロ・シリ（大きい山の意味）によるものだろう。通称＝勝幌（カチポロ）

オピリネップ川コース

沢沿いの登山道は土石流で完全消滅

■ 特記事項

２０１６年夏の台風により、戸蔦別川とその支流で大規模な鉄砲水、土砂崩れなどが起き、川の様子が一変した。19年秋現在、本流沿いの戸蔦別川林道は復旧工事が進み、戸蔦別ヒュッテのあるピリカペタヌ沢まで車で入れる。

しかし十勝幌尻岳登山口に至るオピリネップ林道は、複数箇所で崩壊し、起点の幌後橋から通行止めが続いている。距離は約２・２

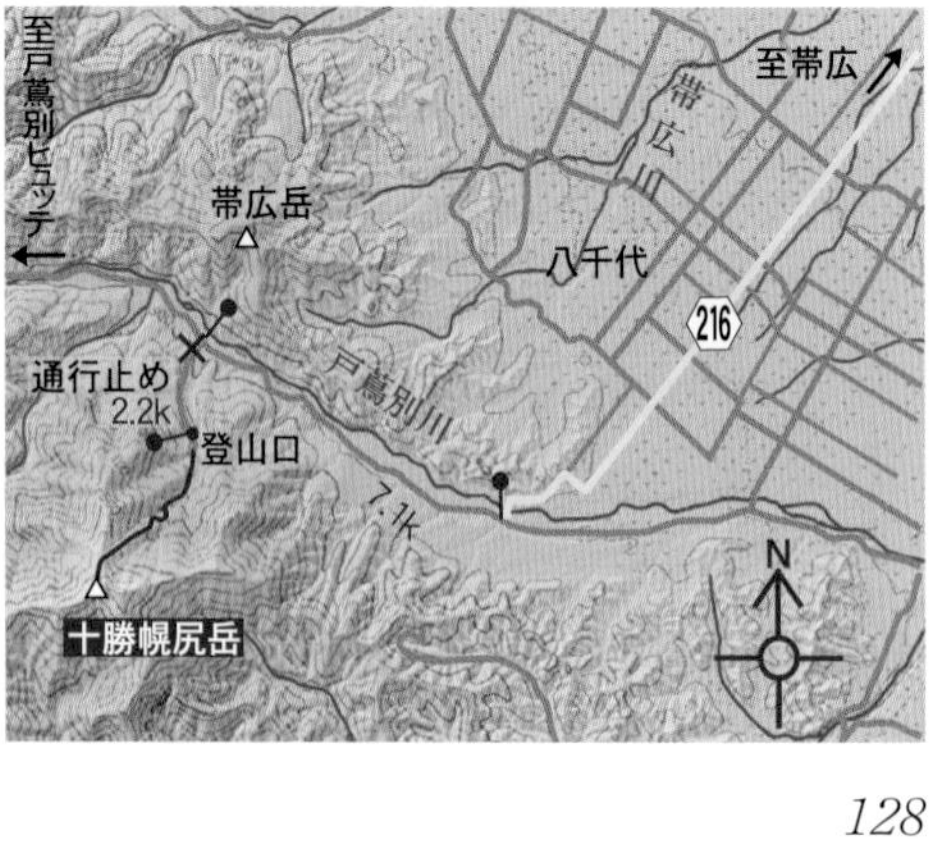

オピリネップ林道は起点から通行止め

復旧された戸蔦別川林道

旧駐車場。登山ポストは健在だが…

大きく崩壊した林道。河原も荒れている

登山口付近から。かつてを知る人には信じがたい光景だろう

台風前はこんな沢沿いを登る所もあった

以前の駐車場。前ページと比べてみよう

尾根上部はミネカエデのトンネルだ

尾根に取り付き急な道を登る

キロ。復旧のめどは立っていない。

さらにオピリネップ川沿いの登山道も土石や流木に埋め尽くされ消失している。それでも入山者は少なからずいる模様で、テープ等の目印も見えるが、現状では一般向け登山コースとは呼び難い。

上部の尾根取付点から頂上の間は直接的な被害は受けていない模様だが、未整備が続けば今後の荒廃も予想される。

なお、20年以降も戸蔦別川林道上流で工事が行われるため、同林道の走行には注意が必要だ。また、オピリネップ林道入り口付近には十分なスペースがないため、駐車の際は細心の配慮がほしい。

■ **ガイド**（ダイジェスト）

以下のガイド、データは16年以前の情報を基に、現在分かる範囲の状況を加味したものである。

頂上から札内川上流域の展望

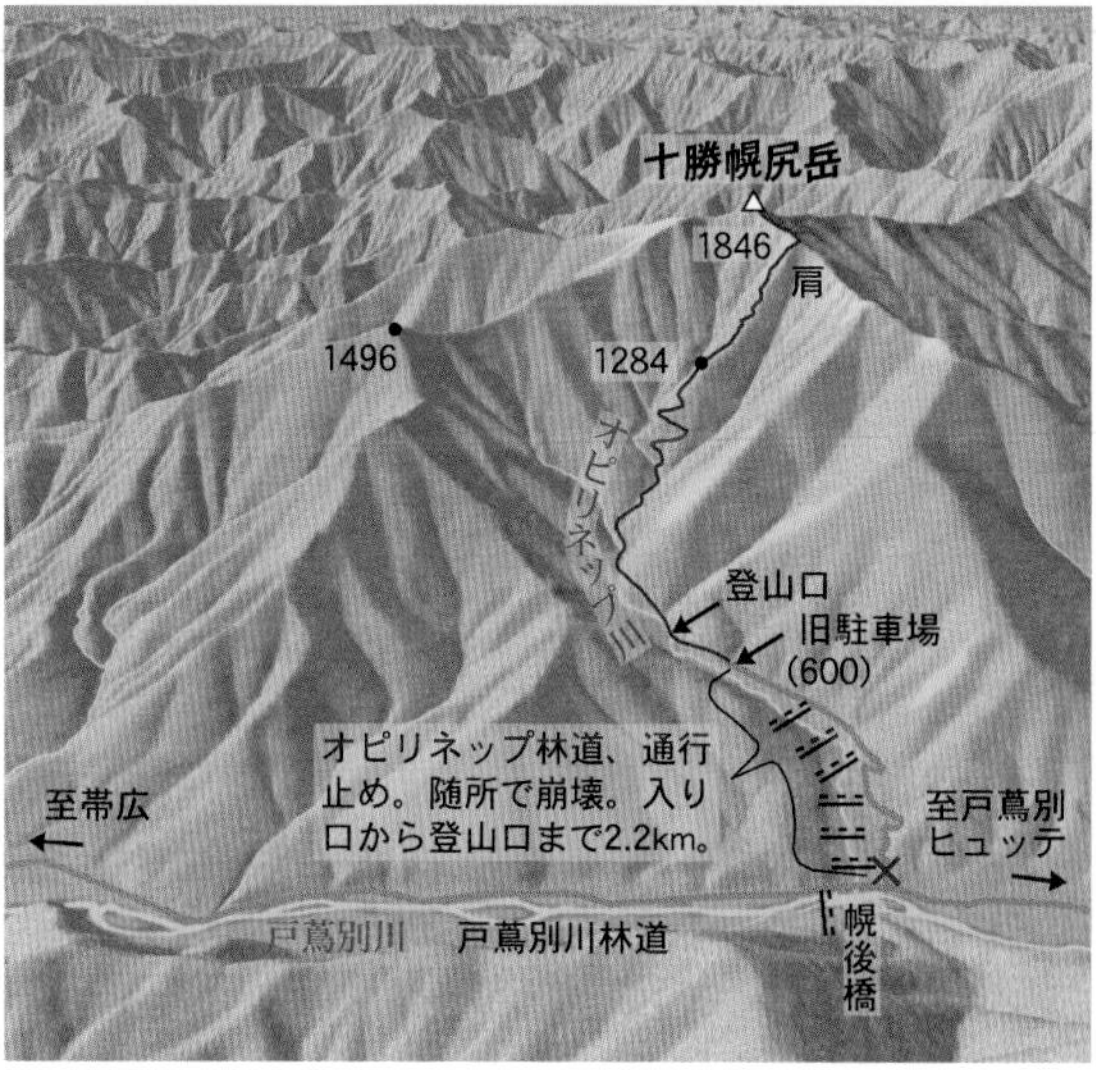

■コースタイム

標高差　約 1250m

登り　4 時間

下り　2 時間 40 分

（登山口から。16 年以前のデータ）

体力（標高差）	50点
登山時間加算	C
高山度（標高）	A
険　し　さ	B
迷いやすさ	B
総合点75点（上級）	

山頂から日高山脈
北部の展望

再び山頂に登山者の歓声が
響く日が来てほしいものだ

旧駐車場から林道跡をゆくと、すぐに谷いっぱいに広がった土石流跡に出る。かつての登山道は面影もなく、尾根取付点まではこの荒れた河原をゆく。随所に目印はあるものの必ずしも正しいとは限らず、基本的には自分でルートを判断しながら進むことになる。

尾根に取り付いてからは従来の登山道をゆく。大きなつづら折りの道は時にササが深く覆いかぶさっている。１２８４メートル標高点を過ぎ、周囲にダケカンバ、ミネカエデが増えてくるとコースは急な斜面の直登となり、山頂から北に伸びる尾根上の肩に出る。

やがてハイマツ帯となり展望が開けた中を、最後にひと頑張りすれば山頂だ。北日高から南日高北部まで遮るもののない展望はこの山ならではのものだろう。

中日高

ヤオロマップ岳と 1839 峰

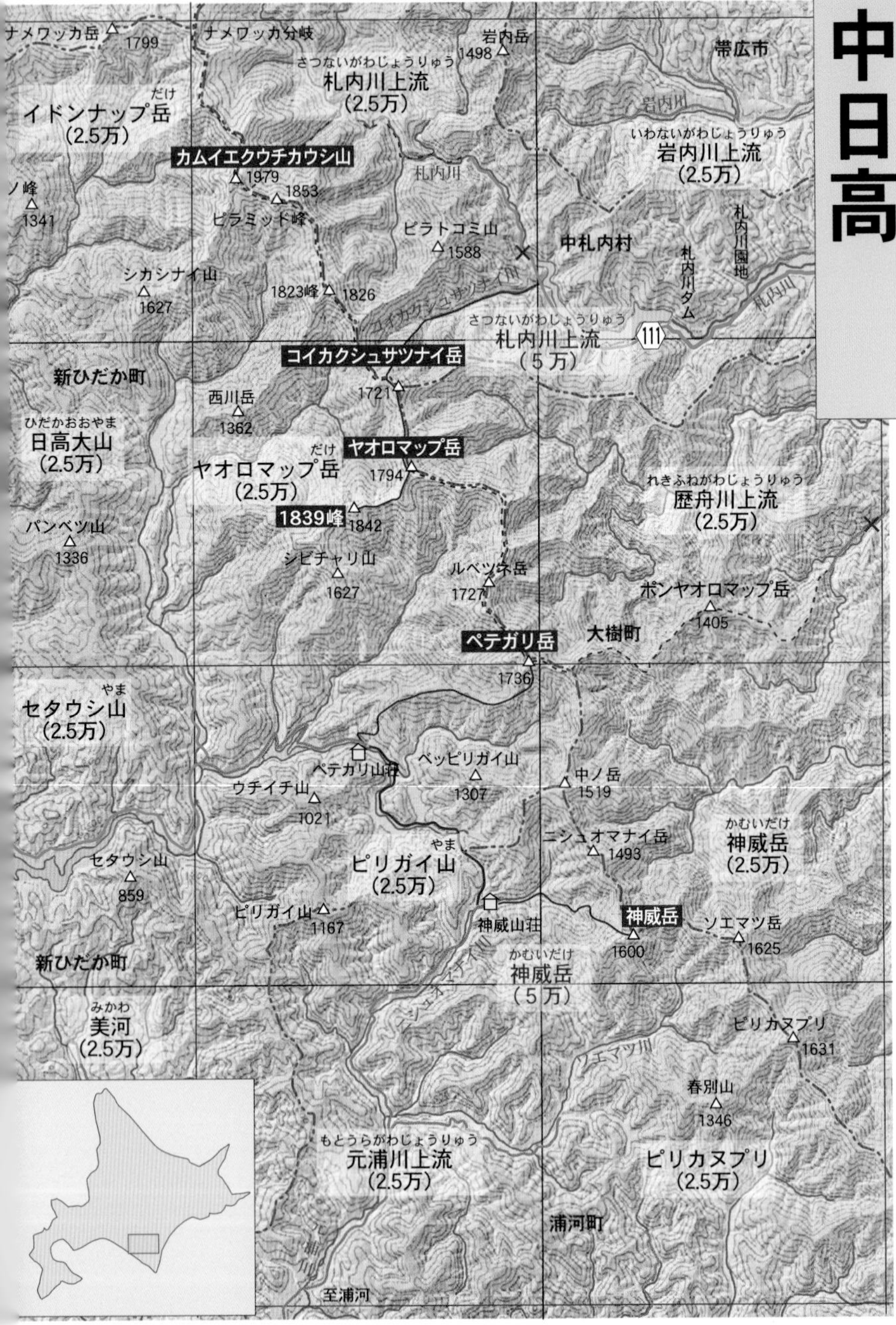
ナメワッカ岳 1799
ナメワッカ分岐
岩内岳 1498
帯広市
札内川上流《さつないがわじょうりゅう》
(2.5万)
イドンナップ岳《だけ》
(2.5万)
岩内川
岩内川上流《いわないがわじょうりゅう》
(2.5万)
カムイエクウチカウシ山
1979
1853
ノ峰 1341
札内川
ピラミッド峰
ピラトコミ山 1588
中札内村
札内川園地
札内川ダム
シカシナイ山 1627
1823峰 1826
コイカクシュサツナイ川
札内川
札内川上流《さつないがわじょうりゅう》
(5万)
111
新ひだか町
コイカクシュサツナイ岳
1721
西川岳 1362
日高大山《ひだかおおやま》
(2.5万)
ヤオロマップ岳
1794
ヤオロマップ岳《だけ》
(2.5万)
1839峰
1842
歴舟川上流《れきふねがわじょうりゅう》
(2.5万)
パンベツ山 1336
シビチャリ山 1627
ルベツネ岳 1727
ポンヤオロマップ岳 1405
ペテガリ岳
大樹町
1736
セタウシ山《やま》
(2.5万)
ペテガリ山荘
ベッピリガイ山 1307
中ノ岳 1519
ウチイチ山 1021
ニシュオマナイ岳 1493
神威岳《かむいだけ》
(2.5万)
ピリガイ山《やま》
(2.5万)
セタウシ山 859
ピリガイ山 1167
神威山荘
神威岳
1600
ソエマツ岳 1625
新ひだか町
神威岳《かむいだけ》
(5万)
美河《みかわ》
(2.5万)
ピリカヌプリ 1631
ソエマツ川
春別山 1346
元浦川上流《もとうらがわじょうりゅう》
(2.5万)
ピリカヌプリ
(2.5万)
浦河町
至浦河

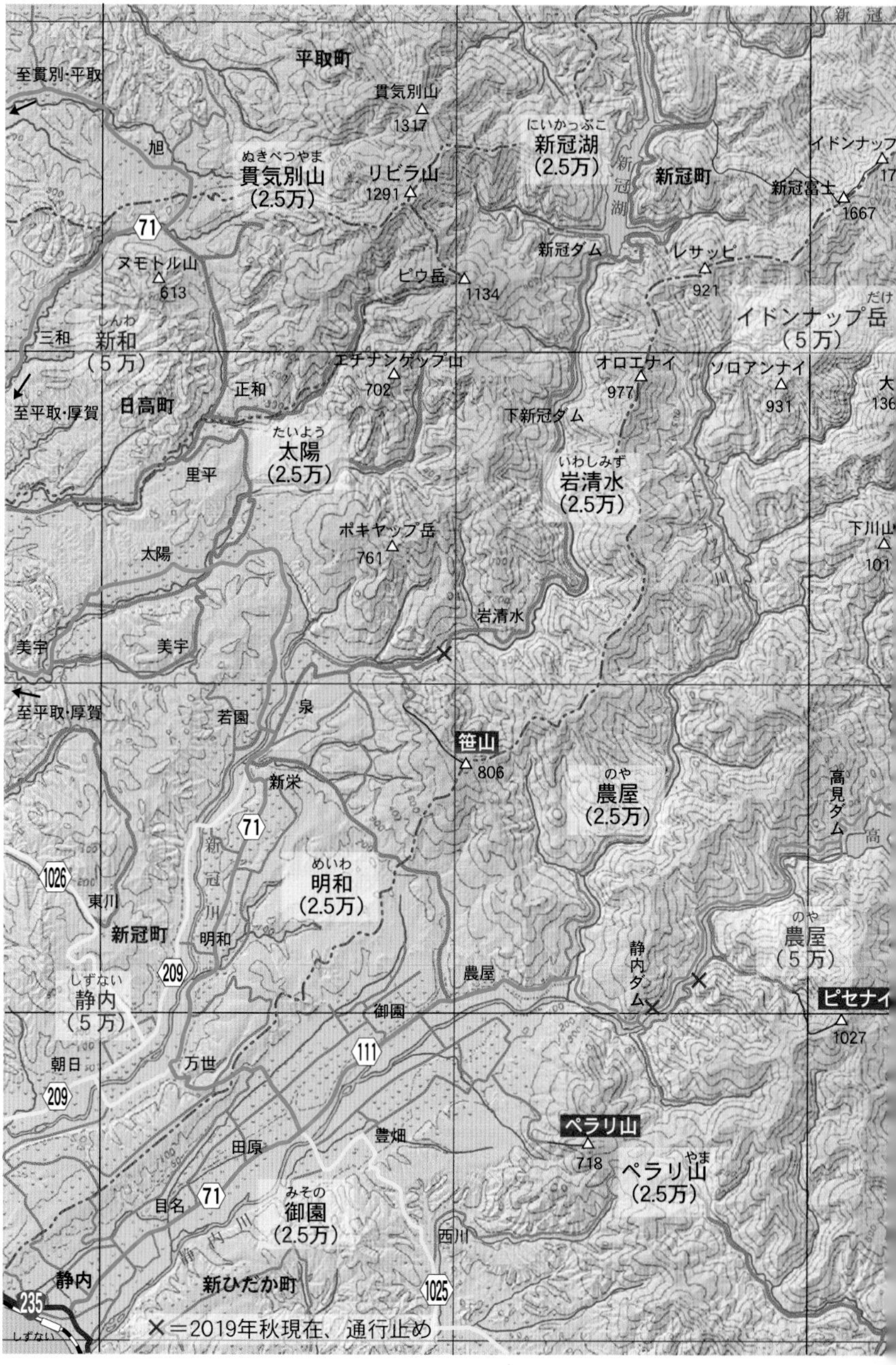

新冠
平取町
至貫別・平取
貫気別山
1317
新冠湖《にいかっぷこ》
(2.5万)
イドンナップ
旭
貫気別山《ぬきべつやま》
(2.5万)
リビラ山
1291
新冠町
新冠富士
1667
71
新冠ダム
レサッピ
921
ヌモトル山
613
ピウ岳
1134
イドンナップ岳《だけ》
(5万)
三和
新和《しんわ》
(5万)
エチナンゲップ山
702
オロエナイ
977
ソロアンナイ
931
至平取・厚賀
正和
日高町
下新冠ダム
太陽《たいよう》
(2.5万)
里平
岩清水《いわしみず》
(2.5万)
ポキヤップ岳
761
下川山
太陽
岩清水
美宇
美宇
至平取・厚賀
若園
泉
笹山
806
新栄
農屋《のや》
(2.5万)
高見ダム
71
新冠川
1026
明和《めいわ》
(2.5万)
東川
新冠町
明和
農屋《のや》
(5万)
静内ダム
209
農屋
静内《しずない》
(5万)
御園
ピセナイ
1027
111
朝日
万世
209
豊畑
ペラリ山
718
田原
ペラリ山《やま》
(2.5万)
目名
71
御園《みその》
(2.5万)
静内川
西川
静内
新ひだか町
1025
235
しずない
×＝2019年秋現在、通行止め

1979m

カムイエクウチカウシ山《やま》

幌尻岳新冠コースから

日高山脈のほぼ中央に位置し、幌尻岳に次いで山脈第2位の高峰。八ノ沢、コイボクの二つのカールを抱いた堂々たる山容は遠くからでもすぐにそれと分かり、「カムエク」の愛称で多くの登山者が憧れる存在である。

ルートは札内川八ノ沢を詰めるのが一般的だが、基本的に登山道のない沢登りであり、技術と経験、天候の判断が必要となる。

山名はアイヌ語で「ヒグマが転げ落ちるほど急な山」の意味。

八ノ沢コース

道なき沢を遡行し日高第2位の高みへ

■特記事項

アプローチの道道111号静内中札内線（建設中止となった日高横断道路）が、落石の恐れなどにより、幌尻覆道ゲート（札内川ヒュッテの1・2キロ先）で通行止めとなっている。道路終点の七ノ沢出合までは約6キロ。管理する十勝総合振興局によると、復旧工事は継続しているが、開通の見通しは立っていないとのことだ。

また2019年には八ノ沢カールでヒグマによる登山者の人身事故が2件発生しており、北海道、森林管理局、警察などが連名で、カムイエクウチカウシ山への強い登山自粛を呼びかけている。

■ガイド（ダイジェスト）

前述のように、現在この山は一般的に登山ができる状況ではない。以下は、今後の状況の好転を期待しつつ、参考として読んでほしい。

行程は通常、八ノ沢出合で前後2泊キャンプして山頂を往復する。

七ノ沢出合の手前で車道と分か

支沢が落橋していると思ったら……

本流対岸に吹き飛ばされていた

札内川ヒュッテと駐車場がある
ヒュッテゲート

今も七ノ沢に残る日高横断道路の跡

七ノ沢出合で準備を整え出発

れ札内川の河原に出る。沢装備に履き替え、札内川本流の遡行《そこう》が始まる。この川は流域面積が広く、増水しやすい上に減水に時間がかかるので注意が必要だ。八ノ沢までは河原歩きといった感じで、川が大きく蛇行するところではショートカットする踏み跡がある。キャンプ地は八ノ沢に入ってほどなく、左岸の林の中だ。

八ノ沢出合近くのキャンプ地

札内川本流をゆく

さて、どうルートを取る？　的確な判断ができなければこの山は登れない

八ノ沢は明るく開けた沢で、目指すカールと稜線が見えている。歩きやすい所をどんどんさかのぼっていくが、雪渓の残る時期は崩落や転落の危険があり対処が難しい。

標高約1000メートルの三股からは滝が連続するようになる。おおむね左岸に踏み跡がついているが、緊張感ある高巻きもあり油断は禁物だ。

やがて水流が細くなり源頭に達すると、前方が開けて巨大円形劇場のような八ノ沢カールが現れる。思わず気持ちが高揚するが、ヒグマがいることも忘れずに。

ピラミッド峰方面に続く踏み跡をたどり、お花畑の急斜面から稜線のコルに出る。あとは花や展望を楽しみながら、岩とハイマツが織りなす細い稜線を山頂へと向かう。南に北に続く国境稜線の山並みを心ゆくまで楽しもう。

三股上部の高巻きを慎重に通過

八ノ沢カールと福岡大慰霊碑

源頭から八ノ沢を見下ろす

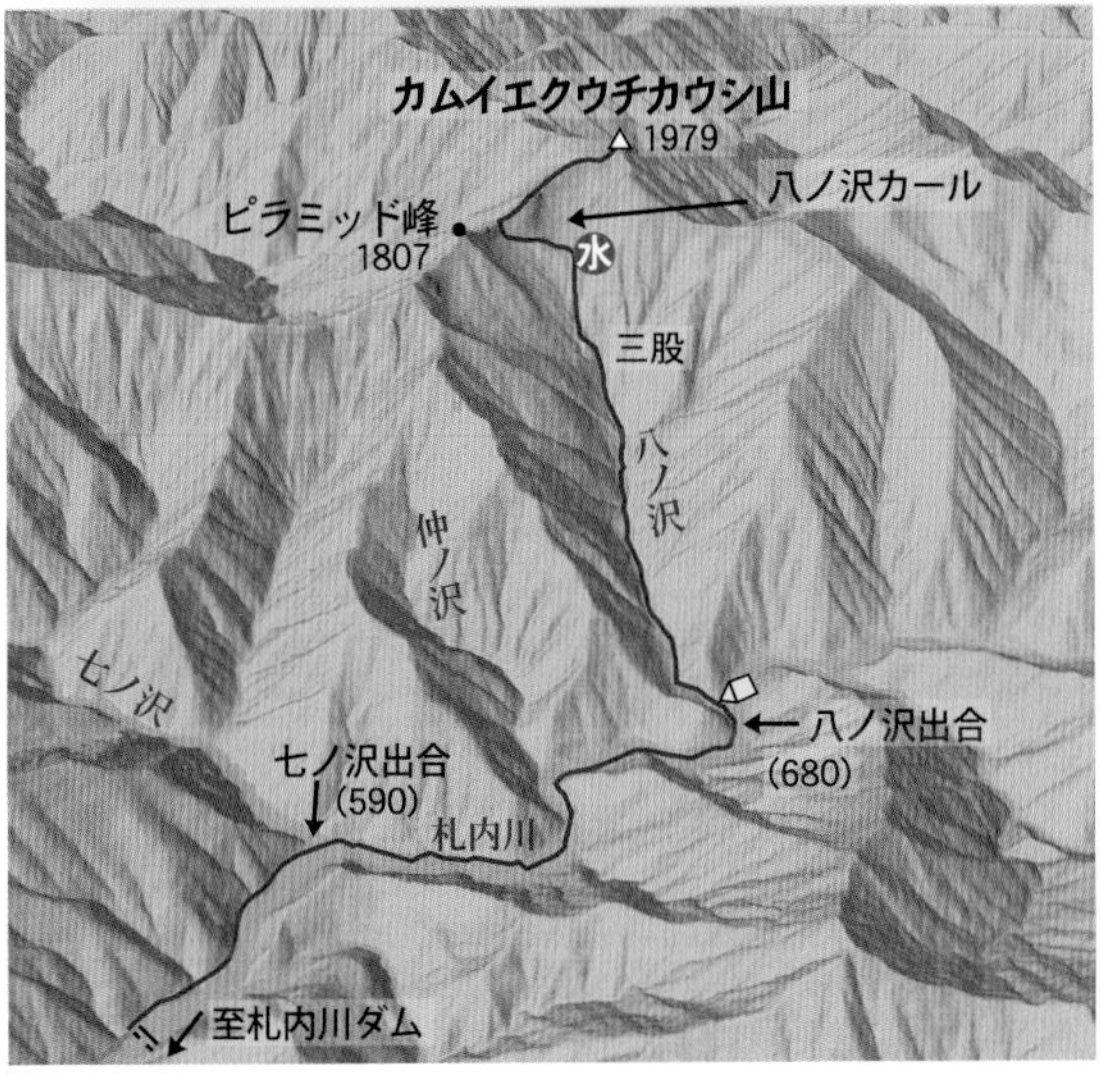

■コースタイム

標高差　約 1390m
登り　7 時間 30 分
下り　6 時間
（七ノ沢出合から）

体力(標高差)	50点
登山時間加算	B
高山度(標高)	A
険しさ	A
迷いやすさ	A
総合点90点（上級）	

1721m

コイカクシュサツナイ岳《だけ》

1823峰（1826m）南面から

中部日高の中ほどに位置する山で、縦走の途中でその頂を踏まれることが多い。鋭くとがった山が多い中部日高にあっては比較的どっしりした山容を見せている。

コイカクシュサツナイ川上流部から尾根（通称夏尾根）に道が開かれ、縦走のエスケープ・ルートとしても使用されている。

山名は、コイカクシュ（東または南、北・通る）サツナイ（乾く川＝砂利の河原が広いからか）の源流部に位置することによる。

コイカクシュサツナイ川・夏尾根コース

日高のエッセンスを味わうロングコース

■ **特記事項**

近年ヒュッテゲートでの通行止めが続いていた道道111号静内中札内線が、2019年秋から1・2キロ奥の幌尻覆道ゲートまで通行可能になった（20年も同措置を予定）。これにより、コイカクシュサツナイ岳方面も入山が可能になった。

体力（標高差）	50点
登山時間加算	B
高山度（標高）	A
険しさ	A
迷いやすさ	B
総合点85点（上級）	

■ **交通**

JR帯広駅から中札内市街までは十勝バス（☎0155-23-5171）が利用できるが、その先はタクシーを含め交通手段がない。帯広からタクシー、またはレンタカーを利用することになる。

■ **マイカー情報**

中札内市街から道道111号に入り、上札内を経由して約28キロで札内川ヒュッテのあるヒュッテゲートに着く。ゲート両側に計20

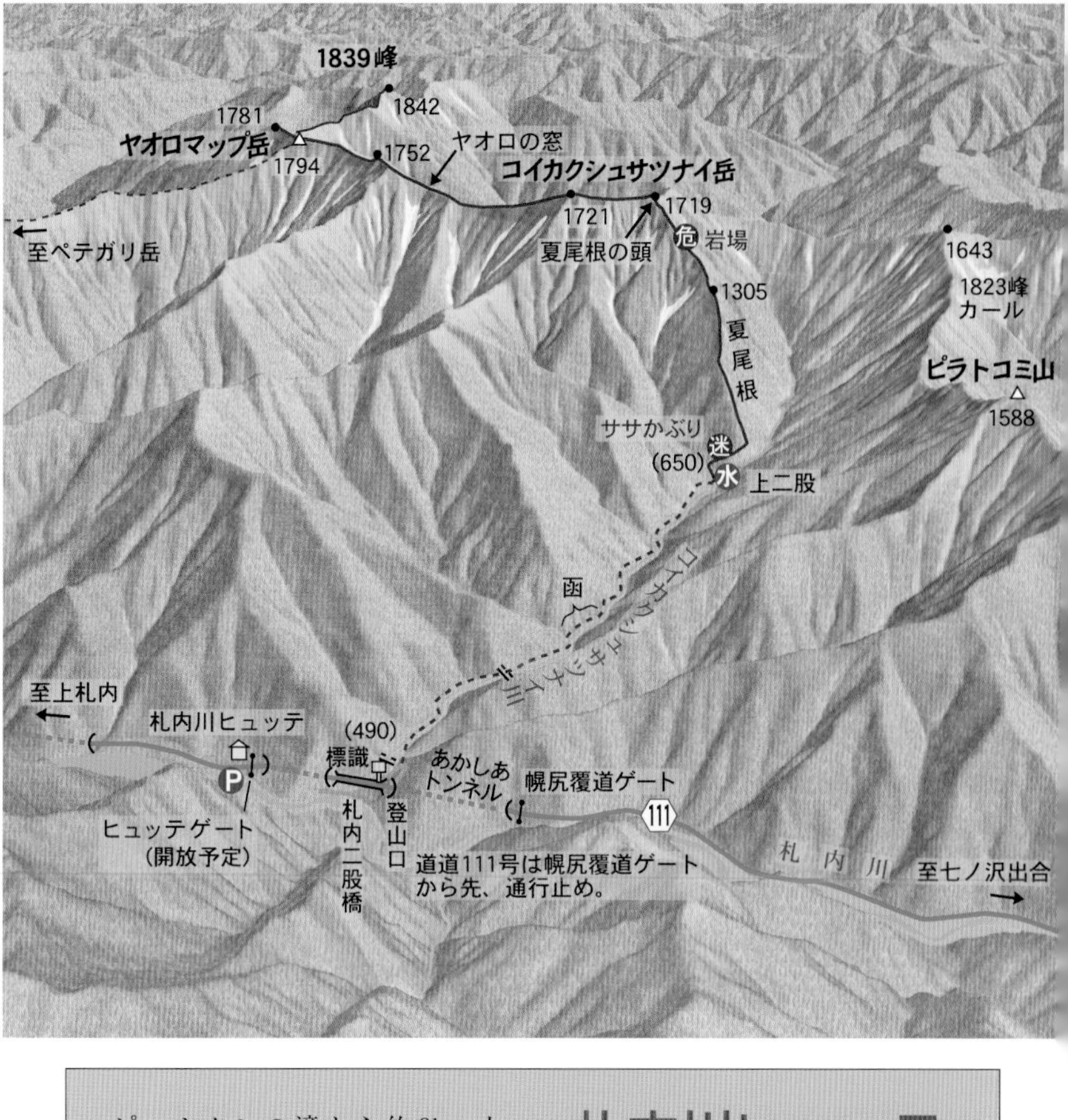

札内川ヒュッテ

ピョウタンの滝から約8km上流、ヒュッテゲート脇に立つ木造2階建ての無人小屋。トイレ、まきストーブ、簡単な炊事場あり。ただし水場はない。無料で利用できる。

▶収容人員＝約20人

▶開設＝4月下旬～11月上旬

▶管理・問い合わせ先＝中札内村産業課☎0155-67-2495

荒れ気味の河原をさかのぼっていく

道道 111 号脇にある登山口の標識

二つ目の函。水量が少なければ左岸沿いに抜けられる

台分ほどの駐車場がある。

　なお以前は、その先の登山口を左折した先に駐車場があったが、しばらく使っていないため現在は草が茂り気味。整備されるまではヒュッテゲート駐車場を利用するのが無難だ。ヒュッテゲートから登山口までは約５００メートル。

　また、気象状況などにより道道の通行規制が変わることがある。問い合わせは十勝総合振興局帯広建設管理部事業課（☎０１５５－26－９２２２）まで。

■日高山脈山岳センター

　ピョウタンの滝がある札内川園地にある施設で、宿泊（自炊のみ）、シャワー、日高山脈に関する展示室などがある。
▼開設期間＝4月下旬～10月（宿泊は6月中旬～9月）
▼問い合わせ先＝☎０１５５－69－

夏尾根（左奥）と主稜線が見えてきた。急登っぷりがよくわかる

尾根下部はササかぶりが深めだ

上二股からはコイカクシュ山頂も見える

4378（現地）、☎0155−67−2495（期間外、中札内村産業課）

■**札内川園地キャンプ場**

右記山岳センターに隣接するキャンプ場。施設充実。フリーテントサイト無料。

▼開設期間＝4月下旬〜10月

▼問い合わせ先＝右記の日高山脈山岳センターに同じ。

■**コースタイム**（日帰り装備）

登山口 ─2:30↓ 2:00↑─ 上二股 ─3:30↓ 2:00↑─ 夏尾根の頭 ─0:20↓ 0:20↑─ コイカクシュサツナイ岳

標高差　約1230メートル

登り　6時間20分

下り　4時間20分

■**ガイド**（撮影　9月2日）

コースは前半コイカクシュサツナイ川を遡行《そこう》し、上二股から日高山脈屈指の急登といわれる通称夏

どこまで登っても急な夏尾根

1305ｍの平たん地。キャンプ跡もある

尾根を登る。沢区間は渡渉を繰り返すので沢靴が有利である。

道道111号の札内二股橋を渡った左側、コイカクシュサツナイ岳登山口の標識から林道に入り、道なりに進んで河畔に出る。特に道はなく歩きやすい所をさかのぼっていくが、度重なる大雨による土石や流木が目立ち殺風景で痛々しい。

やがて見えてくる2段の大きな堰堤《えんてい》は向かって左（右岸）に巻き道がある。その先、右岸から合流する大きな涸《か》れ沢は地形図に記された顕著な支沢だ。

程なく現れる2連続の函《はこ》は沢区間のほぼ中間点となる。最初の函は右岸にしっかりした巻き道がついている。二つ目は川幅が広く、左岸をへつるように通過できるが、水量のあるときは右岸の藪《やぶ》を高巻くのがいいだろう。

相変わらず荒れ気味の河原を進

高度感あふれる上部の岩場を登る

尾根から見上げる夏尾根の頭(右)と山頂(左)

森林限界を抜けると展望が開ける。右手前にピラトコミ山、中央奥に十勝幌尻岳

んでゆくと、谷の奥にこれから登る夏尾根が鋭い角度で姿を現し、さらに国境稜線も見えてくる。いよいよ日高山脈の山懐に入ったことを実感するうちに上二股に到着である。ここで沢装備から登山靴に履き替え、いざ夏尾根！だ。

尾根の取付はササが茂り、迷う人も多いとみえて踏み跡も分かりにくい。二股の真ん中を入り、右に回り込んで尾根末端に取り付く感じだ。いったん踏み跡を見つければ、その後は明瞭である。

地形図通りの急登は汗が止まる間もないが、こうした登りは覚悟さえ決めれば高度も着実に上がる。標高1000㍍付近からダケカンバが目立ち始め、次第に周囲の尾根も目線の高さに近づいてくる。1305㍍標高点は、夏尾根唯一の平たん地で、テント2、3

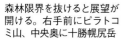

夏尾根の頭から緩やかな尾根を山頂に向かう

意外と広いコイカクシュサツナイ岳山頂

張り分のスペースがある。

道はここから一段と角度を増し、尾根の幅も狭まってくる。森林限界を越えてからは高度感も相当なものだ。途中の固定ロープは古く頼りないが、岩はしっかりしており、ハイマツを含めて手がかり足がかりはいい。その先の右側がすっぱりと切れ落ちた草付き斜面も緊張を強いられるだろう。

だが、これを抜ければもう国境稜線で、それまでの険しい地形がうそのような広々とした夏尾根の頭に出る。正面に１８３９峰がそびえ、振り返ればこれまで見る余裕がなかった北方の山並み―特に１８２３峰の肩越しに見えるカムイエクウチカウシ山が印象的だ。

あとはお花畑の広がる緩い尾根を南下するのみ。北大山岳部のケルンを見れば山頂はすぐである。

コイカクシュサツナイ岳山頂から南方の展望

1842m

1839峰《いちぱーさんきゅうほう》

1794m

ヤオロマップ岳《だけ》

1839峰。ペテガリ岳西尾根上から

日高山脈中部にあって1839峰は憧れ的な存在なのだろう。それは標高が1842mに訂正されても地形図に旧標高が山名としてしっかり記されていることからもうかがえる。登路としてサッシビチャリ沢やナナシ沢が知られるところだが、いずれも難度が高い沢。

一般的にはコイカクシュサツナイ岳経由でアタックし、ツアー登山も行われている。ヤオロマップ岳はそのついでに？頂上が踏まれるやや不遇な山だ。

コイカクシュサツナイ岳コース

長い稜線を踏破し憧れのピークへ

■特記事項、交通、マイカー、宿泊などの情報は「コイカクシュサツナイ岳」（140ページ）を参照。

■コースタイム（一部縦走装備）

コイカクシュサツナイ岳登山口
7:20↓ 4:50↑
コイカクシュサツナイ岳
2:30↓ 2:30↑
ヤオロマップ岳
2:50↓ 2:40↑
1839峰

ヤオロマップ岳まで
獲得標高差　約1510メートル
登り　9時間50分
下り　7時間20分

夏尾根の頭のテント地からヤオロマップ岳へ向かう

1839峰まで
獲得標高差　約1850メートル
登り　12時間40分
下り　10時間

■ガイド（撮影　9月14～16日）

1839峰は山中最低2泊は必要な、かなり厳しい山行である上、テントを張れる場所が限られている。通常はコイカクシュサツナイ岳夏尾根の頭か頂上付近、またはヤオロマップ岳に幕営して1839峰にアタックする。前者

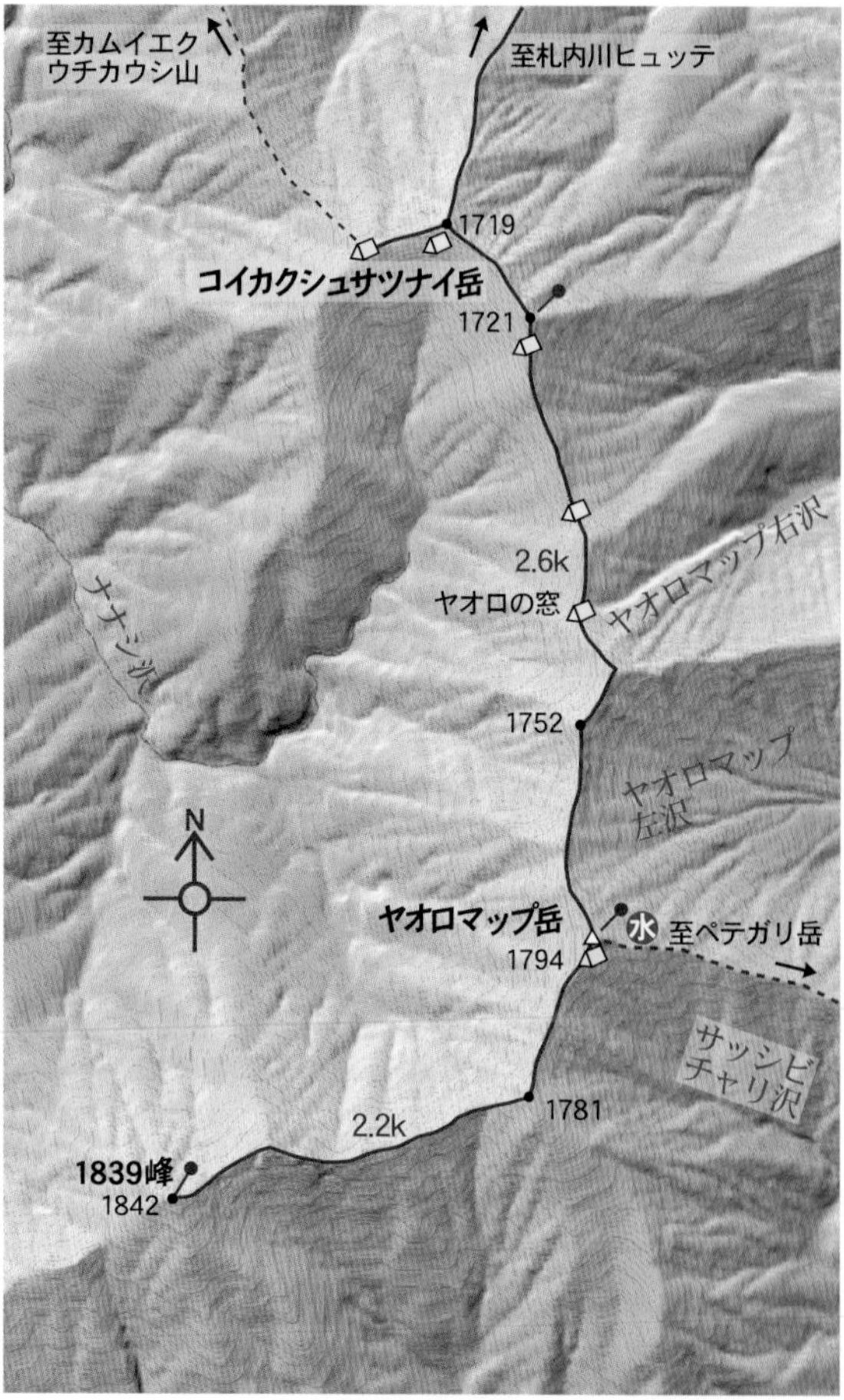

1839峰まで

体力（標高差）	55点
登山時間加算	A
高山度（標高）	A
険しさ	A
迷いやすさ	B
総合点95点（上級）	

ヤオロマップ岳まで

体力（標高差）	55点
登山時間加算	A
高山度（標高）	A
険しさ	A
迷いやすさ	B
総合点95点（上級）	

ヤオロの窓への下りはハイマツが濃い

ヤオロの窓付近から望む 1839 峰(中央)

ヤオロの窓付近からコイカクシュサツナイ岳を振り返る

は重荷を担ぐ距離が短く、後者は水が得られるという利点がある。しかし、登山ポストの入山者数によっては当初の計画を変更して上二股、あるいは夏尾根１３０５メートル標高点での幕営も検討したい。加えて登山者の増加による環境汚染も進行しつつある。携帯トイレも持参したいものだ。ここではコースタイムをコイカクシュサツナイ岳をＡＢＣ（アタックベースキャ

ヤオロマップ岳から、まず1781m標高点を目指す

岩の露出したサッシビチャリ沢源頭

ンプ）として算出した。

コイカクシュサツナイ岳までは140ページからの記事を参照。

まずコイカクシュサツナイ岳頂上から国境稜線をヤオロマップ岳に向かって南下する。歩きやすかった稜線は次第にハイマツの密生地帯となり、枝や幹を払いのけながらコルに下る。ひと登りするとヤオロの窓で、ヤオロマップ右沢源頭が函《はこ》状となって稜線まで突き上げている所だ。

ヤオロマップ岳の長い稜線まで登ると岩稜状となってブッシュに悩まされることは少なくなる。そして南端にある頂上に着くと南にかすむ日高山脈の連なりが目に入る。また、ここから東側の急斜面、ヤオロマップ左沢源頭に向かって慎重に10分ほど下ると水が得られ

手前のピークから望む迫力の山頂部

ヤオロマップ岳のテント場

1839峰手前のピークも鋭く見える

ヤオロマップ岳を背にブッシュの尾根を行く

る。滴り落ちる程度だから量を求めるなら根気がいるが……。

ヤオロマップ岳から国境稜線と分かれて南西に向かう。程なく稜線の左側に行程中唯一ともいえるお花畑を見る。下方には雪崩に磨かれたサッシビチャリ沢源頭の岩盤がのぞかれ、一帯の沢の難しさがしのばれる。1781メートル標高点

1839峰頂上から北方を望む

標識が置かれただけの頂上

頂上へは草木をつかみながらよじ登る

付近からはハイマツと低木ブッシュを払いながらの行程だ。急なアップダウンもあり、往路、復路とも消耗戦を強いられる。

　１８３９峰の山頂部は特に急で、部分的にロープが張られているとはいえ、慎重に登降したいもの。頂上は高度がある上、国境稜線からかなり離れた位置にあるので、日高山脈を見渡すには最良のロケーション。間違いなくこれまでの苦労が報われるが、帰路を考えると喜んでばかりはいられない。

カムイエクウチカウシ山から見た1823峰（左）と1839峰（右奥）

周辺の縦走路②

カムイエクウチカウシ山からコイカクシュサツナイ岳まで

　この間は北日高の稜線に比べ標高が下がるのでブッシュこぎ状の部分が増えてくる。

　カムイエクウチカウシ山から１７００メートル標高点（以下「メートル標高点」略）まではおおむね岩とハイマツの稜線だが稜線の東側を通る部分では小規模ながらお花畑が見られる。所どころ非常に急峻《きゅうしゅん》だが夏山であれば問題はないだろう。

　この山が東に抱く札内川八ノ沢カールは大変快適なキャンプ地であるが、ヒグマ出没の情報がよく聞かれるところでもある。稜線からこのカールに下りる踏み跡は１７００寄りにあるが、付近にはヒグマの掘り返しが多い。

　１７００から１８０７までは岩とハイマツの稜線で、中間の１８５３メートルピークは地形図に表記はないが、ピラミッド峰と呼ばれている。特に北側から望む山容は見事な三角錐《すい》を描いていて初めて見る人もすぐに言い当てることができるだろう。西側が特に急でハイマツの枝をつかみながらの登降だ。

　１８０７から１６０２コルまではハイマツの丈も低く、気持ちのよい稜線だ。

　１６０２コルは日高山脈の稜線としては珍しく広い部分で、高山植物のお花畑となっている。

　１６０２と１５７３の間からハイマツや丈の低いダケカンバ、低木のブッシュがひどくなるが、１７３７まで登るとだいぶ楽になる。

　１８２６メートルピークは１８２３峰とも呼ばれ親しまれている山だ。

1807 から稜線を南に下る

コイカクシュサツナイ岳北面の全貌

1823峰からの北望。左は1807、奥にエサオマントッタベツ岳が見える

１８２６《メートル》ピークと１６４３の間は丈はそれほど高くないハイマツの稜線、１６４３からコイカクシュサツナイ岳の登りまでは標高がかなり下がるので低木ブッシュに悩まされる。

コイカクシュサツナイ岳夏尾根の頭（１７１９）手前で国境は東に屈曲しているが、この部分の下部は岩混じりの顕著な尾根となっている。上部は急斜面状で、逆方向に歩く場合、西へ延びる稜線の方が目立つので注意したい。

1736m

ペテガリ岳《だけ》

幕別町忠類から

日高山脈にあってその知名度は幌尻岳と並んで高い。特に昭和初期その厳冬期の頂は難攻不落を誇り、「遥かなる山」とも称された。

山容は切り立つ南面、三つのカールを抱く東面が特に印象的である。東西の長い尾根に２本の夏道が開かれていたが、東尾根コースは事実上廃道となった。

ペテガリ川（ペッ・エ・カリ＝川がそこで回っている川）水源にちなむ山名だろう。地元山岳会ではペテカリの名を用いている。

西尾根コース

長い尾根をたどり「遥かなる山」へ

■交通

基本的に「神威岳」（168ページ）と同じ。タクシー利用の際は、行き先を元浦川林道終点の神威山荘近くと告げ、詳細は「マイカー情報」を参考に説明されたい。

■マイカー情報

基本的に「神威岳」（168ページ）と同じ。元浦川林道を約20キロ走り、左に分岐する枝道（神威山荘の手前800メートル）に入

登山口への分岐。直進は神威山荘へ

●アプローチ起点から

体力（標高差）	55点
登山時間加算	A
高山度（標高）	A
険　し　さ	B
迷いやすさ	B
総合点90点（上級）	

小さいながらも品のある途中の滝

駐車は道の両側に。写真奥はすぐ沢に出る

乗越点に向けて沢を登っていく

ると程なく5、6台分の駐車スペースがある。ここがアプローチ起点となる。混雑時は神威山荘の駐車場も利用できる。

■**神威山荘**（175ページ参照）、**ペテカリ山荘**（161ページ参照）

■**柏陽館**

169ページ参照。

■**コースタイム**（一部縦走装備）

アプローチ起点 —1:40↓ 1:30↑— 尾根乗越点 —2:10↓ 2:20↑— ペテカリ山荘 —2:00↓ 1:10↑— 1050メートルコブ —2:30↓ 1:50↑— 1301メートルコブ —1:30↓ 1:00↑— ペテガリ岳

●アプローチ起点からペテカリ山荘

標高差　約290メートル

行き、帰り　各3時間50分

●ペテカリ山荘からペテガリ岳

獲得標高差　約1740メートル

ポンヤオロマップ岳へ
ペテガリ岳
1736
1573
東尾根コース
（廃道）
1518
（ジャンクション・ピーク）
1301
中ノ岳
1519
ッピリガイ山
1307
1445
1372
680
55)
尾根乗越点
至神威岳
ニシュオマナイ川
神威山荘
376
渡渉
(360)
アプローチ起点
至荻伏
浦河

ルベツネ山
1727
1720
1293
1259
西尾根コース
1050
806
ペテガリ沢
ペテカリ山荘
至静内
登山口
394
コイカクシュシビチャリ川
トドマツ
植林地
ペッピリガイ沢
沢荒れ、不明瞭
912

乗越点下の源頭を下る

尾根の乗越点。展望はない

ペテカリ山荘へは長い林道歩き。部分的に崩壊した所も

登り　6時間
下り　4時間

■ガイド（撮影　7月10～12日他）

登山口のペテカリ山荘までは車道（道道111号ほか）が通じているが、一般車両は通行止めが続き、開通の見込みもない。そのため現在は、神威山荘側から尾根を越えてアプローチする本コースが定着している。行程はペテカリ山荘に前後2泊し、山頂を往復するのが一般的だ。

ペテカリ山荘まで

沢沿いの行程でぬかるんだ所もあるが、通常は登山靴で大丈夫だ。

アプローチ起点を後に林道を進むとすぐにニシュオマナイ川に出、これを渡渉する。対岸に続く作業道に入り、北から流れ込む支流に沿ってさかのぼってゆく。道はいつしか踏み跡と化すが、ルート

ペテカリ山荘

ペテガリ岳西尾根コース登山口に立つ2階建ての快適な無人小屋。まきストーブ、トイレ、流しのほか、一応寝具もある。小屋前は炊事場を備えたキャンプ場。

▶収容人員＝約 30 人

▶開設＝通年。協力金制。

▶問い合わせ先＝新ひだか町総務部まちづくり推進課☎ 0146-49-0294

最初は小さな沢に沿って進む

山荘横の登山口を後に、長い1日が始まる

は明瞭で目印も多い。時折現れる二股も、踏み跡や目印に注意すればば迷うことはないだろう。

1時間ほどで現れる滝は右岸（左側）に巻き道がある。やがて源流の様相となり、泥の急斜面を詰めると、680メートル標高点南側のコルに達する。樹林とブッシュに覆われて展望は利かないが、ここが尾根の乗越点である。

尾根上を50メートルほど右に進み、北側のベッピリガイ沢側に下る。ここも初めは滑りやすい泥斜面だが、すぐにコケのきれいな小沢となり、次いで右岸上の植林地に飛び出す。細い踏み跡は作業道となり、さらに進むと涸《か》れて荒れたベッピリガイ沢に出る。あとは右岸の林道を約5キロ、淡々と歩き続ければペテカリ山荘に到着する。

なお、行きは道なりで特に問題

朝の斜光を浴びながら 1050 m コブへ登っていく

ハクサンシャクナゲもちらほら

花は多くないが、コバイケイソウはそこかしこに

ないが、帰路は次第に道が細くなりやや迷いやすい箇所もある。行きに要所要所を確認していこう。

ペテカリ山荘からペテガリ岳へ

　このコースは西尾根を忠実にたどるもので、約8キロと距離があるうえ起伏も激しい。早だちを心がけ、ペース配分にも気を配りたい。また、途中に水場はないので十分に用意しておこう。

　山荘横の登山口から沢沿いの歩道に入る。10分ほどで右手の植林帯に取り付き、ジグザグを切って高度を上げてゆく。ササは定期的に刈られているようだ。

　ひと汗かいた所で尾根上に出てしばし緩やかになり、右手の樹間にベッピリガイ山や中ノ岳が見えてくる。そこからひと登りした1050メートルコブでは、今度は左手に1839峰が現れ、まだ序盤な

左にペテガリ岳を見ながら1301mコブへ向かう

山頂へはほぼ一直線の急登が続く

最後の登りを前に1301mコブでひと休み

がらも心が躍る。

いったん下った後、次の1259㍍コブへの登りに取り付く。せっかく稼いだ高度を―と思うが、この先何度も繰り返すアップダウンのほんの前哨戦だ。また、尾根上はササがかぶり気味で、たっぷりの朝露、あるいはダニとの格闘も覚悟しなければならない。そんな中、所々で咲くコバイケイソウやエゾシオガマに心が和む。

1293㍍コブからはペテガリ岳が大きく見えてくる一方、ここも段階的に200㍍ほど下る。ダケカンバのきれいな林を登って1191㍍コブを越え、徐々に細くなった尾根上にハイマツが出てくると1301㍍コブである。

ここから手前のコルを挟んで見るペテガリ岳は仰ぐほどに大きく高い。その標高差は500㍍強、

登ってきた西尾根を見下ろす。下山も長いのだ

昔も今も「遥かなる山」だ

山頂付近から見る1839峰

最後の試練ともいうべき急登だ。

立派なダケカンバの急斜面を下り、テント１、２張り分の平地となったコルを通過して登りにかかる。頭までかぶるようなササの急斜面は標高１４００メートルを超えた辺りからハイマツ帯となり、背後に神威岳やソエマツ岳など南日高の展望が広がってくる。すでに疲労もマックスだろうが、手前の尾根越しに１８３９峰が見えてくれば〝遥かなる山〟の頂は近い。

山頂からは北に翼を広げたように山並みが続き、南もまた大きな山々が連なる。眼下のカールや細く険しい東尾根も目を引くことだろう。登ってきた西尾根も長々と横たわるのがよく見える。つらい登りに耐えた者のみが享受できる展望だ。しっかりと目に焼き付け、長い帰途に就くことにしよう。

頂上から北方を望む

頂上から南方を望む

東尾根の核心部へ。ペテガリ岳(左)とルベツネ山(右)を望みながら

ダケカンバとハイマツがなければ相当な高度感。背後は早大尾根

周辺の縦走路③

ペテガリ岳東尾根〜ルベツネ山

東尾根の起点となるポンヤオロマップ岳までは長い崩壊した林道歩きと、廃道状態となった登山道をブッシュこぎで到達できる。

そこからも廃道状態であるが、もともときちんと整備された登山道ではなく、経験者、健脚者向きのコースといえる。亜高山帯なのでダケカンバ林下の草地や落葉低木のブッシュこぎは比較的楽だが、ハイマツには閉口するだろう。

ハードな縦走路だが、すごい眺望が得られるはずだ。鋭く切り立った尾根に突き上げる岩溝《いわみぞ》となった沢の源頭部など、南日高のエッセンスが凝縮しているのだ。

国境稜線に出るとハイマツと岩の

ペテガリ岳からルベツネ山を目指す。遠方は 1839 峰

ペテガリ岳北面。右遠方に神威岳

国境稜線をペテガリ岳へ

ミックスしたコースとなる。この間の幕営はポンヤオロマップ岳山頂と早大尾根とのジャンクション・ピーク（１５１８メートル標高点。以下「メートル標高点」略）前後で、Aカールは不適。

ペテガリ岳から北上する稜線は１６４７まではハイマツの丈も低く快適な稜線歩きとなる。１５３５までは岩とハイマツの険しい稜線で、中間の東に延びる尾根にBカールへの、１５３５付近からCカールへのかすかな踏み跡がある。

１５３５からルベツネ山南肩まではハイマツの急な稜線、南肩から山頂までは丈の低いハイマツ帯だが所々で途切れる。

ルベツネ山から北方、特に１６００からヤオロマップ岳までは踏み跡が分からないほどのブッシュである。幕営はBカールとCカールで可能である。

1600m

神威岳《かむいだけ》

新ひだか町道の駅みついしから

神威岳とその南にあるソエマツ岳、ピリカヌプリは南日高三山と呼ばれている。神威岳はその中で最も風格を備え、盟主といった存在だろう。特に北面に突き上げる直登沢の源頭は岩壁を巡らし、すごみさえ感じさせる。

人を寄せ付けないようなこの山に日高側から夏道が開かれているのは大変うれしい。

山名はカムイ・シリまたはカムイ・ヌプリの転訛《てんか》だろうが、いずれも神の山の意味である。

ニシュオマナイ川コース

沢から尾根の直登へ頑張り要求コース

■交通

JR日高線浦河駅からタクシー（日交ハイヤー☎0146-22-3151、要予約）を利用する。なお、日高線は災害運休のため鵡川-浦河間は代行バスとなる。浦河までは札幌発の道南バス「高速ペガサス号」（☎0143-45-2131）も利用できる。

■マイカー情報

国道235号荻伏《おぎふし》から道道348号に入りひたすら道なりに進む。上野深《かみのぶか》の先で道道746号を横切り、約2キロで未舗装の元浦川林道となる。途中、登山ポストのあるゲート（通常開放）を通過し、約20・5キロで林道終点の神威山荘に着く。10台程度駐車可。

なお、林道は険しく路面は荒れ気味で、状況によっては普通乗用車では厳し

体力(標高差)	50点
登山時間加算	C
高山度(標高)	A
険しさ	B
迷いやすさ	B
総合点75点（上級）	

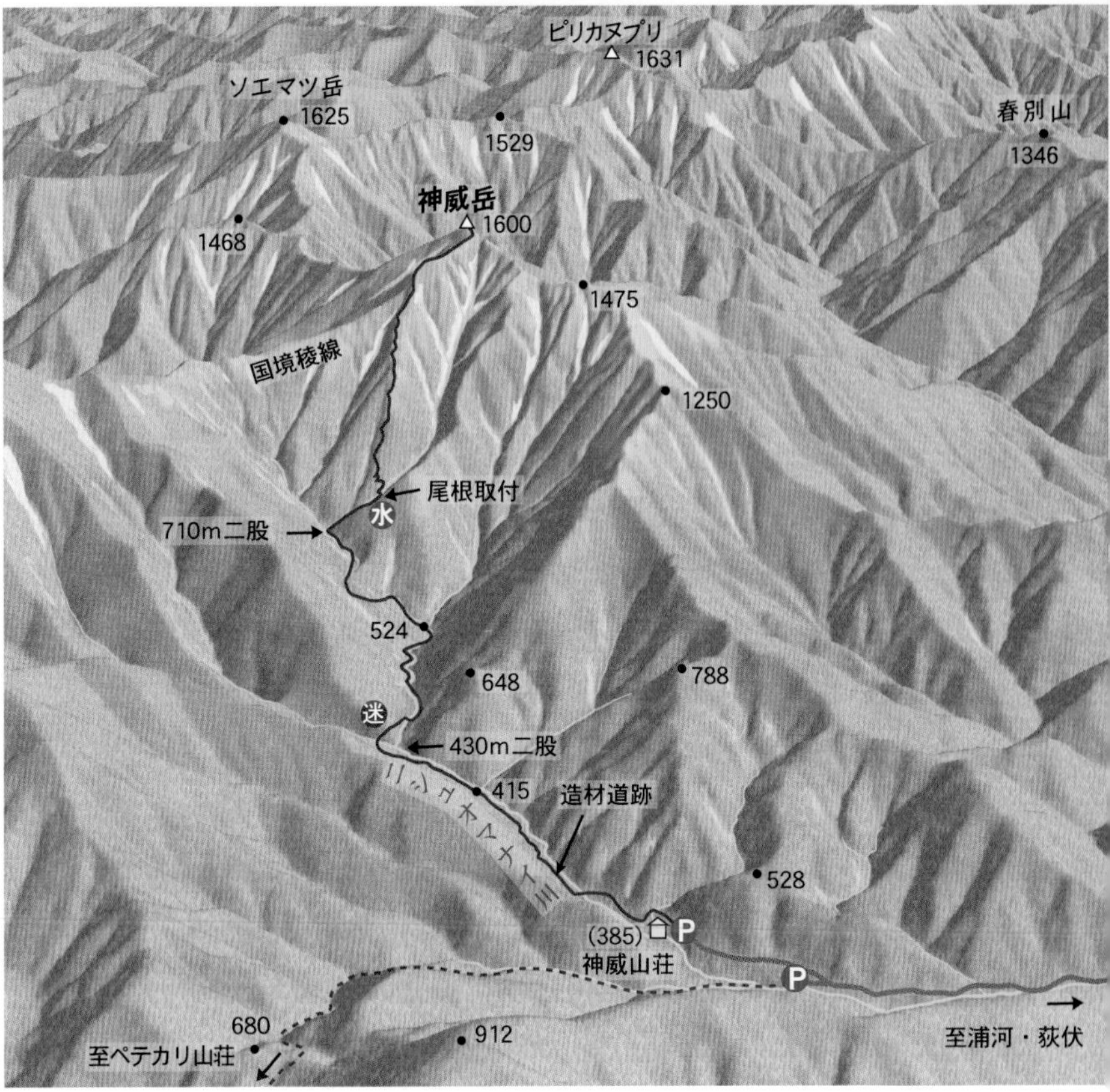

い。通行止めとなることもあるので、事前に所轄森林管理署（9ページ参照）に確認を。

■**神威山荘**（175ページ参照）、**ペテカリ山荘**（161ページ参照）

■**柏陽館**

道道348号沿い、上野深にある研修施設で、宿泊、キャンプ、入浴ができる。一般利用可。

▼開設期間＝通年（水曜休み）

▼問い合わせ先＝☎0146−27−4544

登山口の神威山荘と駐車場

430ｍ二股。対岸右手の小尾根を越える

出発して最初の渡渉点

随所でいい雰囲気の渓相を見せるニシュオマナイ川

■コースタイム（日帰り装備）

神威山荘 0:30↓ 0:20↑ 430メートル二股 2:20↓ 1:30↑ 尾根取付 1:40↓ 1:20↑ 神威岳

標高差　約1220メートル
登り　4時間30分
下り　3時間10分

■ガイド（撮影　9月22日他）

コース前半は沢筋をたどり、後半は急峻《きゅうしゅん》な尾根を直登する日高らしいルートである。もっとも、近年の大雨や融雪などにより、沢沿いの踏み跡は不明瞭な部分が増えている。沢登りスタイルで歩きやすい所を選びながらさかのぼるほうが早く楽しいかもしれない。

神威山荘前の小沢を渡り、ニシュオマナイ川左岸の造林道跡をゆく。ほどなく道は沢を横切り右岸へと続く。川幅はあるが浅い渡渉だ。

上流部では踏み跡はなく、
直接沢の中を登っていく

踏み跡がはっきりした所もある

710ｍ二股は右股に入る。
分かりやすい二股だ

大岩に目印が記された尾根取付点

夏草が茂ったり土砂崩れの跡を乗り越えたりと少々荒れ気味の道は、やがて沢に突き当たって終わる。通称４３０《メートル》二股と呼ぶ地点だが、実際は左股を少し入ったところだ。その左股を渡って間の小尾根を越え、右股の本流に出る。近年ここの荒れようがひどく、倒木と藪《やぶ》で踏み跡も途切れがちだが、距離は短いので落ち着いて進もう。

ササかぶりは深い。ダニ対策も忘れずに

ヒグマの痕跡はあちこちに

尾根上部から見る山頂(左奥)と直登沢

一瞬斜度が緩む標高 1250 m 付近

本流に出たらすぐに対岸に渡り、河畔林の中の踏み跡に入る。踏み跡は一度見つければ結構うまくつながるが、先に述べたように状況が変わって見失うこともしばしばだ。テープの目印に留意しつつ、適宜判断しながら進むとよい。

５２４メートル二股は正面の右股が明るく目立つが、コースは左股に入る。徐々に谷が狭まって傾斜が増し、累積した土石や倒木を乗り越える場面が増えてくる。７１０メートル二股は右に入る。この沢は頂上直下まで突き上げている直登沢で、すでに水量はかなり細い。

やがて川幅が少し広がり、真ん中にペンキの矢印が記された大岩が現れたら尾根の取付点である。靴を履き替え、水の補給をしてこの後の急登に備えよう。なお、平成18年版の現行地形図に記された

山頂が近くなるに従いどんどん展望が開けてくる。山の紹介は次ページで

ルート線は誤差があるようで、実際の取付点は地形図より手前の標高約７５０メートル地点である。

尾根は取付から胸を突くような急登だ。両側から深いササに頭や顔を擦られるが、足元の道ははっきりしている。お構いなしに足を上げれば、どんどん高度も上がっていく。標高１１５０メートルと１２５０メートルで一瞬斜度が緩み、すぐにまた壁のような登りが復活する。

左手の木々の間に見え隠れしていた丸いピークの１４９３メートル峰、通称ニシュオマナイ岳が肩を並べるようになると、ほどなく国境稜線分岐である。とはいえ、明瞭な尾根や踏み跡があるわけでなく、気づかず通過するかもしれない。

その先でハイマツが出てくると、ようやく急登から解放され、前方左手にコブを二つ並べたような山

神威岳頂上から国境稜線上にそびえるソエマツ岳を見る

ユニークな彫刻が施された山名板

頂部が見えてくる。右手の険しい岸壁は前述の直登沢の源頭だ。

ハイマツの尾根から進路を左に変え、北斜面を斜上するように登ってゆく。コブに見えた所は山頂手前の小さな肩で、そこから少しハイマツを分ければ頂上である。

北にペテガリ岳やカムエク、1839峰などの名峰が重なり、南は次第に高度を下げてゆく南日高の稜線を望む爽快な頂である。

頂上からの北望

頂上からの南望

神威山荘

元浦川林道終点、神威岳登山口にあるログハウス風の山小屋。平屋でこぢんまりしているが居心地はいい。トイレ、まきストーブあり。水は小屋前の小沢で得る。

▶収容人員＝約20人

▶開設＝通年。無料。

▶管理・問い合わせ先＝浦河町ファミリースポーツセンター ☎0146-22-3953

806m

笹山《ささやま》

道道209号　泉の手前から

日高山脈主稜線から西方へずっと離れた位置にある山で、山頂は新冠町と新ひだか町にまたがっている。

1000mに及ばない高さであるが、周辺からは抜きん出て高いので、山頂部には無線塔が林立し、南側からは車道が通じている。

登山コースは頂上から北東方向に延びる長く起伏が多い尾根上にある。山名に反して山頂部には樹木があり、落葉した時期以外は日高山脈の一部しか望めない。

オニシベツコース

途中の展望が救いの単調な尾根歩き

■ **交通**

JR日高線新冠駅前から新冠町コミュニティバス（☎0146-47-2498）B路線または泉線で「泉第二」下車。林道ゲートまで徒歩約3キロ。静内市街からタクシー（北海交通☎0146-42-1141）も利用できる。日高線は災害運休のため鵡川-新冠間は代行バス運行。新冠までは札幌発の道南バス「高速ペガサス号」（☎0143-45-2131）も利用可能。

■ **マイカー情報**

国道235号新冠市街手前から道道209号に入り、泉集落から

新冠町道からオニシベツ林道へ

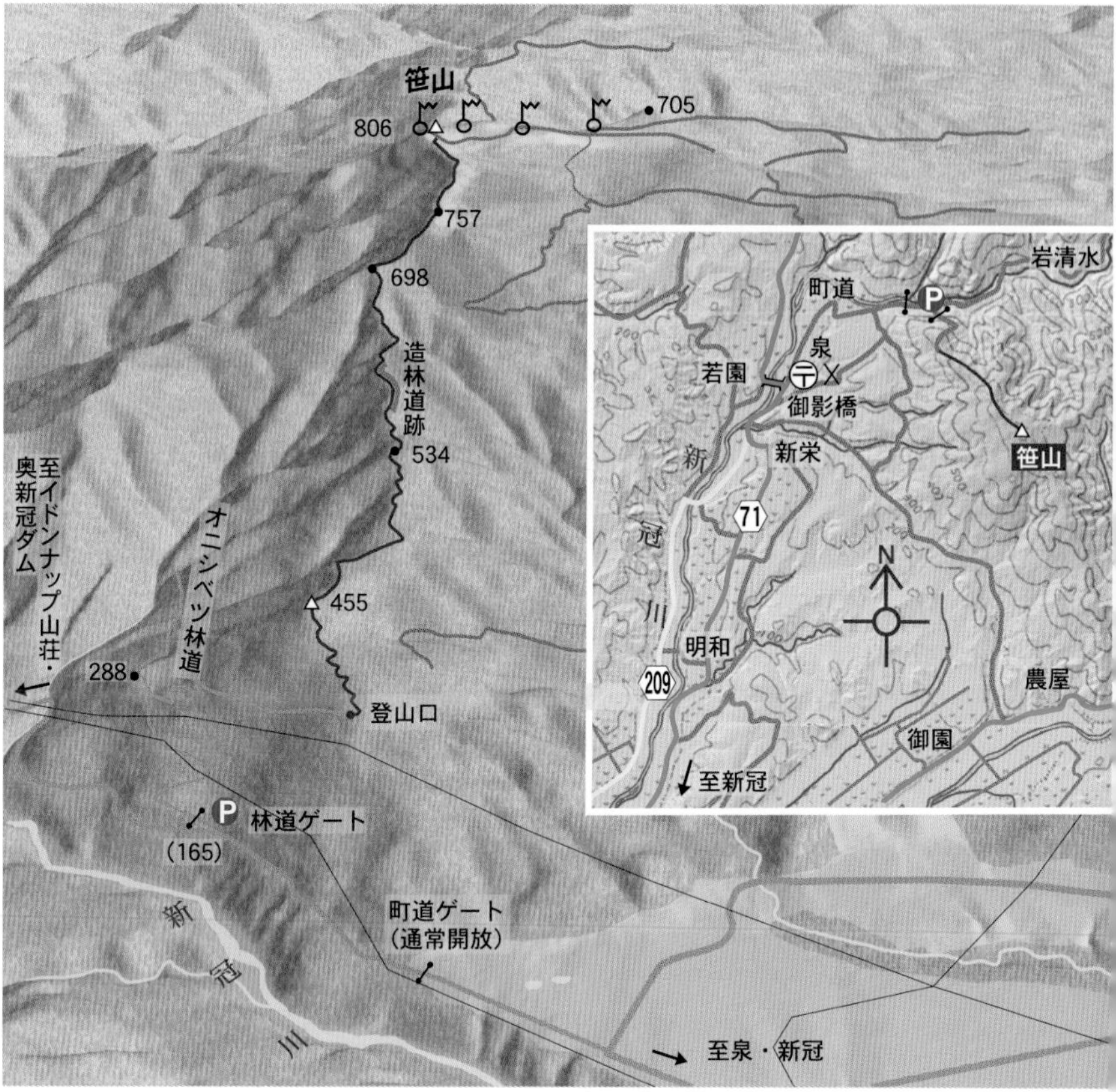

新冠ダムへと続く町道へ。舗装が途切れる町道ゲート（通常開放）を過ぎ、約800メートル先で右に分岐するオニシベツ林道のゲート（施錠）がスタート地点となる。付近の迷惑にならない所に駐車する。

体力(標高差)	40点
登山時間加算	D
高山度(標高)	C
険　し　さ	D
迷いやすさ	C
総合点45点（初級）	

■判官館森林公園キャンプ場

国道235号沿い、節婦《せっぷ》と新冠市街の中間にある。有料。

▼開設＝4月下旬〜10月下旬

▼問い合わせ先＝☎0146－47－2498（新冠町企画課）

■コースタイム（日帰り装備）

林道ゲート ―0:30↓ 0:20↑― 登山口 ―1:10↓ 1:00↑― 造林道跡 ―1:10↓ 0:50↑― 笹山

行程の中ほどで造林道と交錯する。ここから日高山脈主稜線が望まれる

標高差　約640メートル
登り　2時間50分
下り　2時間10分

■ガイド（撮影　9月21日、11月7日）

林道ゲートからオニシベツ林道を歩いて登山口となる土場へ向かう。倒木もあり少々荒れ気味だ。

登山口の標識から歩道に入り、455メートル三角点を目指す。きつい登りだが、落葉広葉樹に包まれた里山の雰囲気は悪くない。

登山口の標識が立つ林道終点の土場跡

木もれ日を浴びながら歩く尾根道

登り着いた三角点からは傾斜の緩んだ尾根上を淡々と歩く。部分的に道が不明瞭な箇所もあるが、テープの目印や境界標識を目安に尾根から外れないようにすれば迷うことはない。周囲は変化に乏しい似たような環境が続くが、標高550メートルを越えた辺りで造林道が合流し、視界が開けてイドンナップ岳からカムイエクウチカウシ山までが望まれる。ササもなく、休

山頂間近、林の向こうにアンテナ塔が見える

山の上部は若いダケカンバ林

イドンナップ岳①からカムイエクウチカウシ山②まで見えた

北側のリビラ山、貫気別山方面

憩するならここまで我慢したい。

いつしか造林道と分かれ、再び単調な登りに戻る。次第に傾斜が強まり尾根は細くなって、周囲はダケカンバ林になっている。

やがて右側にトドマツ人工林が現れ、その向こうにアンテナ塔が見えてくると頂上は近い。マイクロウエーブ反射板の立つ山頂部からは、カムイエクウチカウシ山のとがった姿がよく見える。

山頂部のマイクロウエーブ反射板。頂上はその奥の丘の上

718m

ペラリ山《やま》

静内町豊畑から

日高山脈の国境稜線から遠く西に外れたピセナイ山のさらに海岸寄りにある山。標高700ｍあまりの里山といったイメージだが、日高山脈の測量史に重要な役割を果たしたそうだ。古くは明治後期に一等三角点に選ばれてカムイエクウチカウシ山や楽古岳などの一等点を結んで測量をしたという。頂上には戦後設置されたコンクリート製の大きな天測《てんそく》点が立っている。ペラリの意味には諸説があり、はっきりしない。

御園コース

きらめく太平洋を遠望する尾根道

■交通

ＪＲ日高線静内駅前から道南バス（☎０１４６‐42‐１２３１）農《の》屋《や》行きで「上御園」下車。出発点となる林道分岐まで約５・３キロ、徒歩1時間20分程度。静内市街からタクシー（北海交通☎０１４６‐42‐１１４１、要予約）も利用できる。なお、日高線は災害運休のため鵡川‐静内間は代行バスとなる。静内までは札幌発の道南バス「高速ペガサス号」（☎０１４３‐45‐２１３１）も利用可能。

■マイカー情報

国道２３５号静内市街から道道71号、１１１号と走り、上御園で御園橋を渡る。そこから先は次ページの地図を参考に出発点となる林道分岐へ。付近にスペースを見つけて駐車する。なお、分岐の先もまだ車

体力（標高差）	35点
登山時間加算	D
高山度（標高）	C
険しさ	D
迷いやすさ	C
総合点40点（初級）	

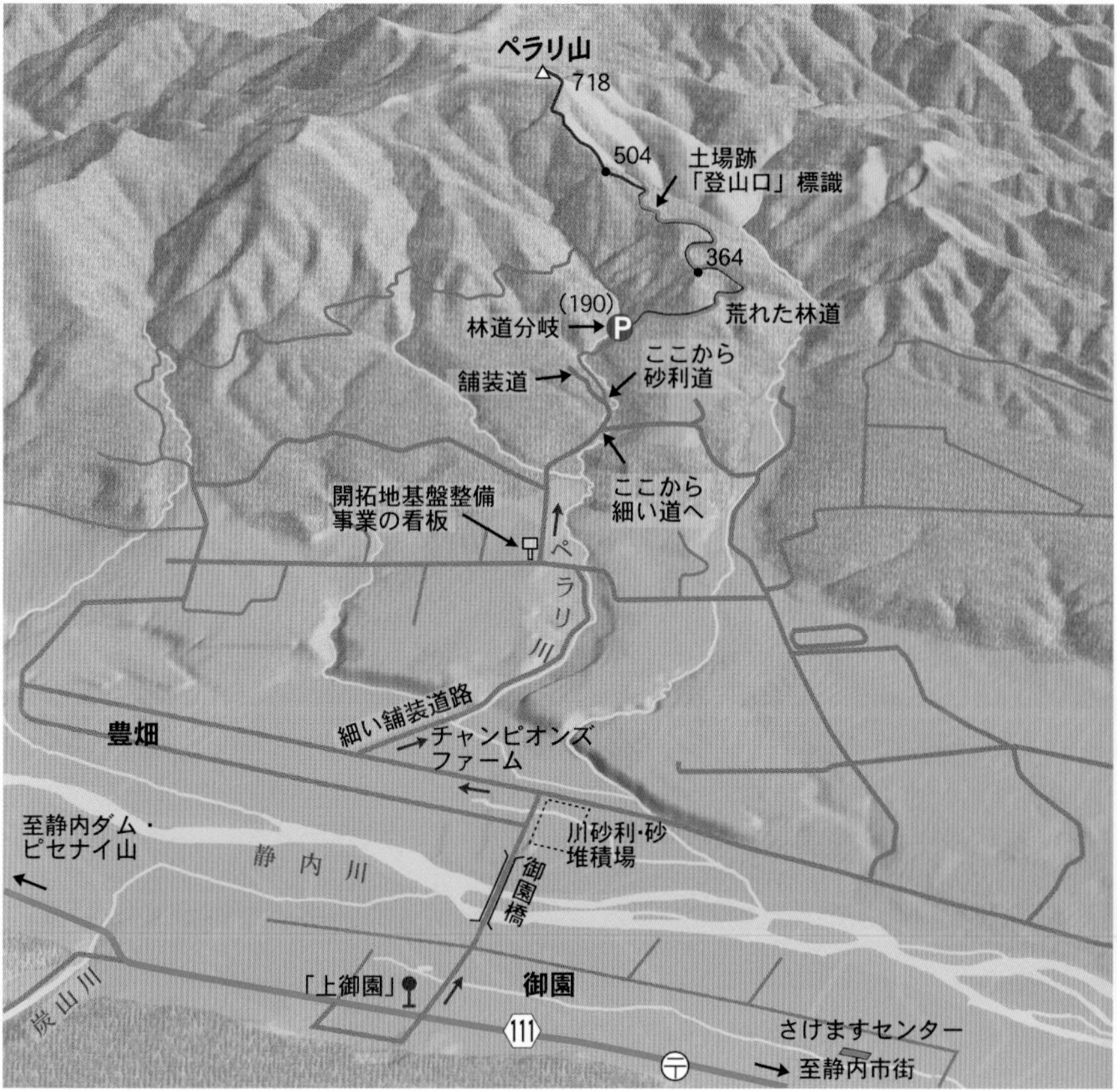

で入れそうに見えるが、雨裂、崩壊地などありUターンも困難なのでやめるのが無難である。

■判官館森林公園キャンプ場

177ページを参照のこと。

■コースタイム（日帰り装備）

林道分岐 ―0:50↓ 0:40↑― 土場跡 ―1:00↓ 0:40↑― ペラリ山

標高差　約530メートル

スタート地点の林道分岐。左の林道へ

林道を右に分け、土場跡へと入ってゆく

日当たりのいい林道をゆく

高度が上がると南側が開けてくる

足元はミヤコザサが多い

登り　1時間50分
下り　1時間20分

■ **ガイド**（撮影　10月15日）

林道分岐から折り返すように狭い林道へ入る。何度かつづら折りで高度を上げた後、尾根の南斜面を巻くように進む。単調だが大きな岩場が現れたり、下界の展望が広がったりと退屈ではない。

二つ目の大きなコブを巻いた所で道は二手に分かれ、左手の土場跡に入る。目立たないが「ペラリ山登山口」の標識もある。ササ原となった土場跡の奥からダケカンバの多い林に入り、急斜面に取り付く。ほどなく右に斜上するようになり、次いで左に曲がって南西に延びる尾根に乗る。

登り切った林間の小広場は504メートル標高点。ここから少し下り、本峰の登りにかかる。何度か

展望を楽しみながら山頂に
向けて最後の斜面を登る

尾根上部で出合う立派なミズナラ

造林道跡が交錯するが、コースは頂上から西に延びる尾根上をたどっている。それを念頭に上へ上へと進めばよい。右手は開けたササ原で展望もよく、開放的な気分だ。

いっとき斜度が緩んだら、あとは最後の急登を残すのみである。左からの沢地形を回り込み大きな岩を過ぎると山頂が見えてくる。

同時に目に入るのは大きな四角いコンクリート柱——天測点だ。戦

山頂手前から静内の牧場地帯、さらに太平洋までを望む

天測点の設置されたペラリ山山頂

後の一時期使われていた天文測量の基準点で、ここに残るものは全国に48カ所あったうちの第2号だそうだ。

そう聞くとさぞかし展望が良さそうだが、周辺はダケカンバが育っていまひとつ。少し奥へササ原を分けると神威岳から南に連なる山々が遠望できる。それよりも静内川に沿った牧場地帯や太平洋のきらめきが印象的かもしれない。

山頂奥から東側の展望

さらにその右に日高山脈南部の山を遠望する

1027m

ピセナイ山《やま》

新ひだか町静内二十間道路近くから

日高山脈国境稜線からはるか西、海岸線との中間、旧静内・三石両町の町界に位置する山である。高さこそ1000mほどだが、国境稜線までの間に視界を遮るような大きな山がないため、日高山脈のほぼ全域の大パノラマが広がる。初級程度の山でこれほどの展望が得られる例は他に知らない。

山名はピセナイ沢の水源にあることによると思われるがピセナイの意味は分からない。

静内ダムコース

日高国境稜線を一望する好展望台

■特記事項

近年の大雨で登山口に通じる林道がピセナイ沢左岸で崩壊。さらにその奥にも荒廃箇所があり、復旧のめどが立っていない。2020年春現在、静内調整池左岸のゲート（次ページの地図参照）で通行止めとなっている。登山道自体は特に被害を受けていない。

徒歩で入山する場合は閉鎖ゲートから林道

崩壊した林道（2019年秋）

体力（標高差）	35点
登山時間加算	D
高山度（標高）	C
険しさ	D
迷いやすさ	D
総合点40点（初級）	

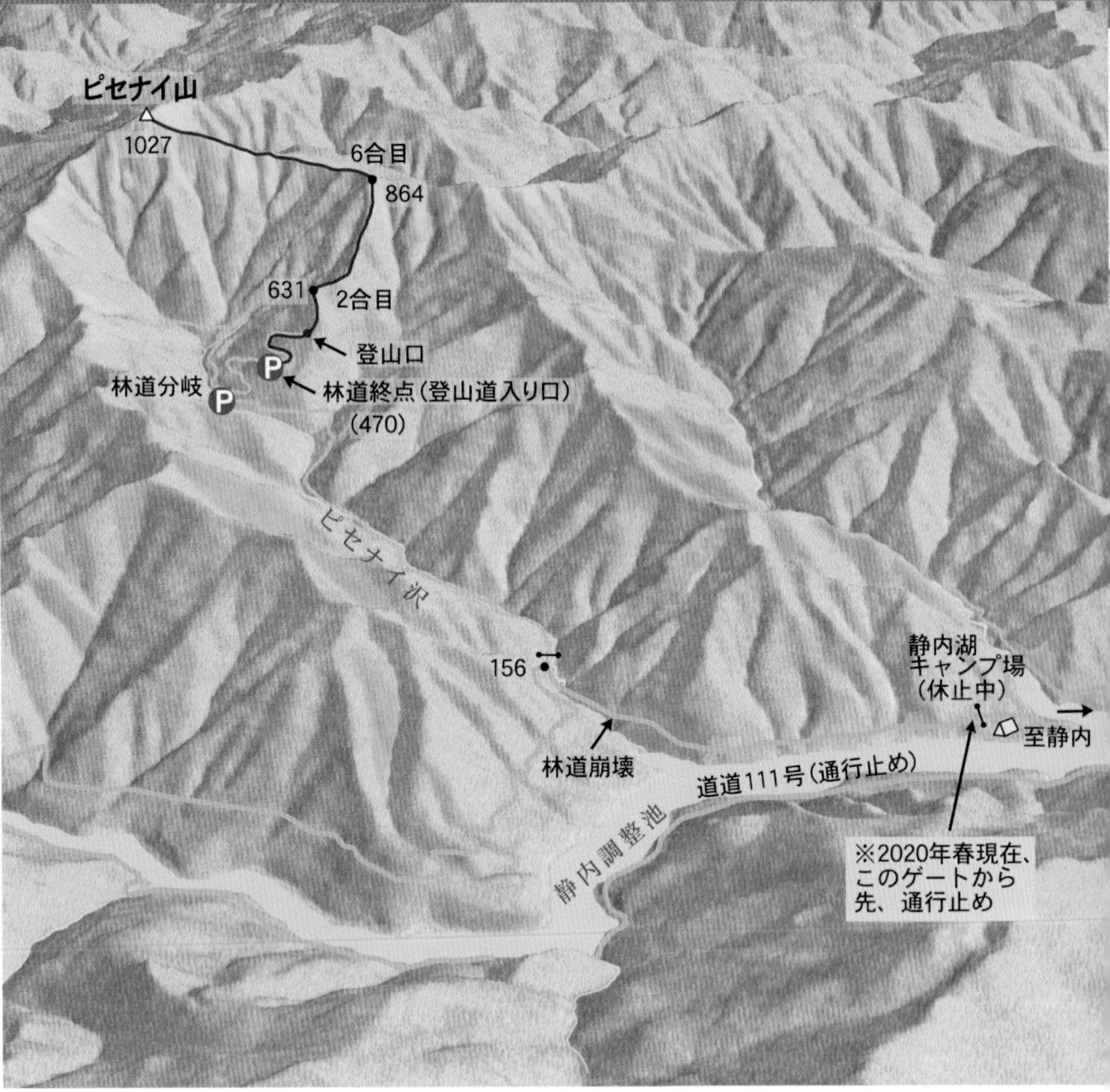

終点まで約5・3キロ。行き1時間40分、帰り1時間20分程度。車は関係車両の通行の邪魔にならないよう配慮して閉鎖ゲート付近に止める。林道終点からの登山グレードは186ページのとおりだが、閉鎖ゲートからは体力と登山時間が加算され50点（初級）となる。崩壊箇所などは状況が変化する可能性もあるので、十分に注意し、的確な判断を。

■ 交通

最寄りのバス停はJR日高線静内駅前発の道南バス（☎0146−42−1231）の「農屋《のや》」だが、林道終点まで約14キロある。静内市街からタクシー（北海交通☎0146−42−1141、要予約）を利用するのが現実的だ。なお、日高線は災害運休のため鵡川―静内間は代行バスとなる。静内まで

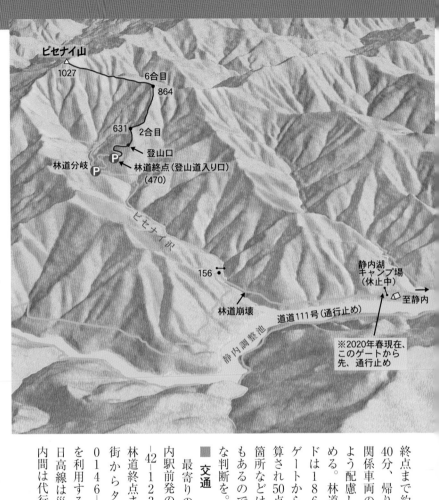

各合目ごとに標識がある

山道に入ったとたん急登が始まる

6合目の広場でひと休み

尾根上は小さなアップダウンも。秋は紅葉がきれいだ

は札幌発の道南バス「高速ペガサス号」（☎0143-45-2131）も利用可能。

■マイカー情報

国道235号静内市街から道道71号、111号と走り静内ダムへ。ダム堤を渡りすぐ左折してさらに左岸の林道を進む。ダムから約7・8キロの林道分岐、そこから1キロ弱奥の林道終点にそれぞれ3、4台分の駐車スペースがある。道は進むほどに荒れ気味で、普通乗用車は腹を擦るかもしれない。

なお、前述の通り2020年春現在、ダムから約3・2キロ地点のゲートで通行止めとなっている。林道状況については日高南部森林管理署（9ページ参照）に確認を。

■判官館森林公園キャンプ場

177ページを参照のこと。

■コースタイム（日帰り装備）

山頂へ最後の登りにかかる。きれいにササ刈りされた道が気持ちいい

林道終点 ―1:00↓ 0:40↑― 6合目 ―0:50↓ 0:30↑― ピセナイ山

標高差　約560メートル
登り　1時間50分
下り　1時間10分

■ガイド（撮影　10月14日）

展望が魅力の山なので、ぜひ快晴の日を狙って出かけてほしい。「登山道入り口」の標識が立つ林道終点から古い作業道を歩く。5分ほどでその道も終わり、再び立つ「登山道入り口」の標識横が登山口。ここから山道が始まる。

いきなり結構な急斜面でジグザグを切りながら登ってゆく。と、すぐに1合目の標識が現れ、汗がにじむかにじまないかのうちにもう2合目の631メートル標高点である。地形図でも分かるようにさほど大きな山ではないので、合目表

日高山脈北～中部の展望

日高山脈中～南部の展望

イドンナップ岳
幌尻岳
ナメワッカ岳
カムイエクウチカウシ山
ピラミッド峰

ペテガリ岳
中ノ岳
ニシュオマナイ岳
神威岳

山頂間近。背後にはペラリ山（▼、180㌻参照）や太平洋が

登った山、登りたい山、
話題が尽きない山頂

示の出てくるピッチも早い。

ここで一度斜度が緩み、その後は緩急つけながら尾根を登ってゆく。周囲は樹林帯だが、春はオオサクラソウやカタクリ、エゾエンゴサクが多く咲き、秋は見事な紅葉が目を和ませてくれる。

再び斜度が増した道を登りきると6合目の864㍍コブ。一息つくのにいい小広場だ。

コースは左に進路を変え、小さく起伏しながら進んでいく。右にササ原が開け、遠く山並みの気配を感じられるが、楽しみは頂上までとっておくことにしよう。

ごく小さな鞍部《あんぶ》を過ぎたら頂上に向かって一気に登る。見えている高みはニセピークだが、本当の山頂もすぐその先だ。

広く刈り払われた山頂には期待通りのパノラマが広がっている。

南日高

楽古岳の稜線から北方の展望

広尾町
至帯広
1037
野塚岳
1353
(オムシャヌプリ)
双子山
1379
十勝岳
1457
楽古岳《らっこだけ》
(2.5万)
楽古岳
1471
236
楽古山荘
札楽古
楽古川
987
広尾《ひろお》
(2.5万)
札楽古《さつらっこ》
(2.5万)
広尾
広尾町
美幌
広尾《ひろお》
(5万)
楽古岳《らっこだけ》
(5万)
杵臼
1071
広尾岳
1231
音調津
様似町
広尾岳《ひろおだけ》
(2.5万)
新富《しんとみ》
(2.5万)
広尾町
音調津《おしらべつ》
(2.5万)
富
えりも町
アポイ岳《だけ》
(2.5万)
ピンネシリ
958
336
幌満ダム
袴腰山《はかまごしやま》
(2.5万)
目黒
日高目黒《ひだかめぐろ》
(2.5万)
アポイ岳
810
冬島
天狗岳
666
袴腰山
872
様似町
豊似湖
庶野《しょや》
(5万)
豊似岳
1105
観音岳
932
えりも
(5万)
咲梅
幌満
ルチシ山
754
オキシマップ山
895
336
幌満《ほろまん》
(2.5万)
笛舞
えりも
(2.5万)
庶野
庶野《しょや》
(2.5万)
上歌別
千平
本町
えりも町
歌別
苫別
34
歌露
34
襟裳岬《えりもみさき》
(2.5万)
油駒
えりも岬
襟裳岬《えりもみさき》
(5万)
襟裳岬

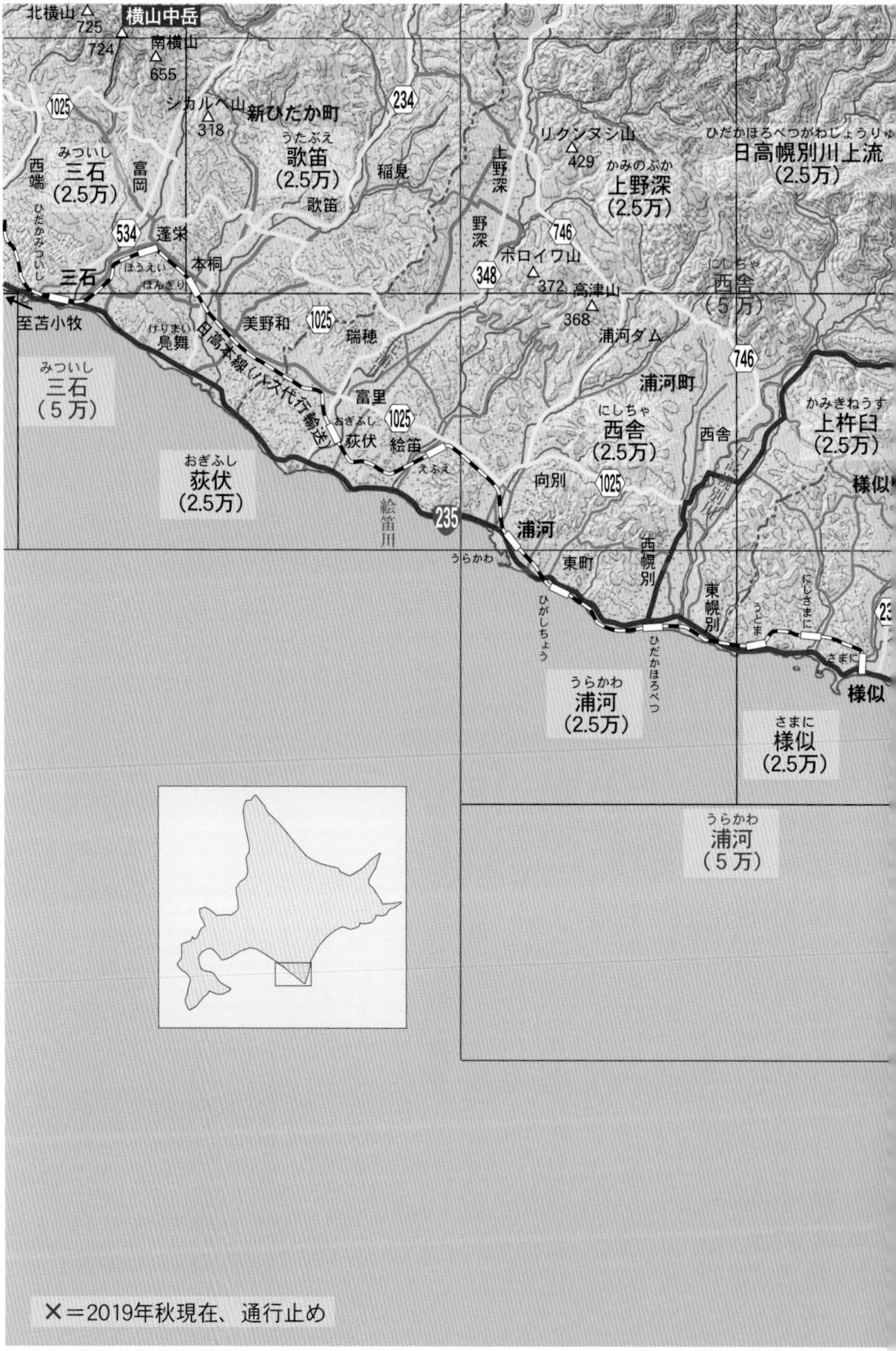

北横山
725
横山中岳
724
南横山
655
1025
シカルベ山
318
新ひだか町
234
歌笛《うたぶえ》
(2.5万)
稲見
歌笛
上野深
野深
リクンヌシ山
429
上野深《かみのぶか》
(2.5万)
日高幌別川上流《ひだかほろべつがわじょうりゅ》
(2.5万)
三石《みついし》
(2.5万)
西端
富岡
ひだかみついし
534
蓬栄
ほうえい
本桐
ほんぎり
三石
至苫小牧
746
348
ポロイワ山
372
高津山
368
浦河ダム
西舎《にしちゃ》
(5万)
鳧舞
けりまい
美野和
1025
瑞穂
日高本線(バス代行輸送)
三石《みついし》
(5万)
富里
1025
荻伏
おぎふし
絵笛
えふえ
浦河町
西舎《にしちゃ》
(2.5万)
西舎
上杵臼《かみきねうす》
(2.5万)
日高幌別川
様似
荻伏《おぎふし》
(2.5万)
向別
1025
絵笛川
235
浦河
うらかわ
東町
西幌別
ひがしちょう
ひだかほろべつ
東幌別
うどま
にしさまに
さまに
様似
浦河《うらかわ》
(2.5万)
様似《さまに》
(2.5万)
浦河《うらかわ》
(5万)
×＝2019年秋現在、通行止め

1471m

楽古岳《らっこだけ》

楽古山荘に続く林道から

日高国境稜線上で一般登山道のある山としては最南端に位置している。とがったピラミッド形をした山頂部を持ち、独特の山容から遠くからもすぐに認めることができる。頂上からは山脈が太平洋に沈んでいく様がよく眺められる。2本あった登山道は1本になった。

山名の由来は、楽古川の水源にあることにより、本物かどうかは疑わしいがラッコは海獣の名である。なお古い地図にはオムシャヌプリの名で記されているという。

メナシュンベツ川コース

清流沿いの小道から険しい尾根路へ

■交通

JR日高線浦河駅からタクシー（日交ハイヤー☎0146-22-3151、要予約）を利用する。なお、日高線は災害運休のため鵡川―浦河間は代行バスとなる。浦河までは札幌発の道南バス「高速ペガサス号」（☎0143-45-2131）も利用できる。

■マイカー情報

国道235号日高幌別から236号に入り、約20キロ走った所で（113キロポスト付近）右折する。すぐに陽春橋を渡り、メナシュンベツ川沿いの林道を道なりに約8・8キロで登山口の楽古山荘に着く。山荘前に約20台分の駐車場がある。林道は終盤で荒れ気味の所もあるが普通乗用車で通行可能。大雨の後など通行止めとなる

体力（標高差）	45点
登山時間加算	C
高山度（標高）	B
険しさ	B
迷いやすさ	C
総合点65点（中級）	

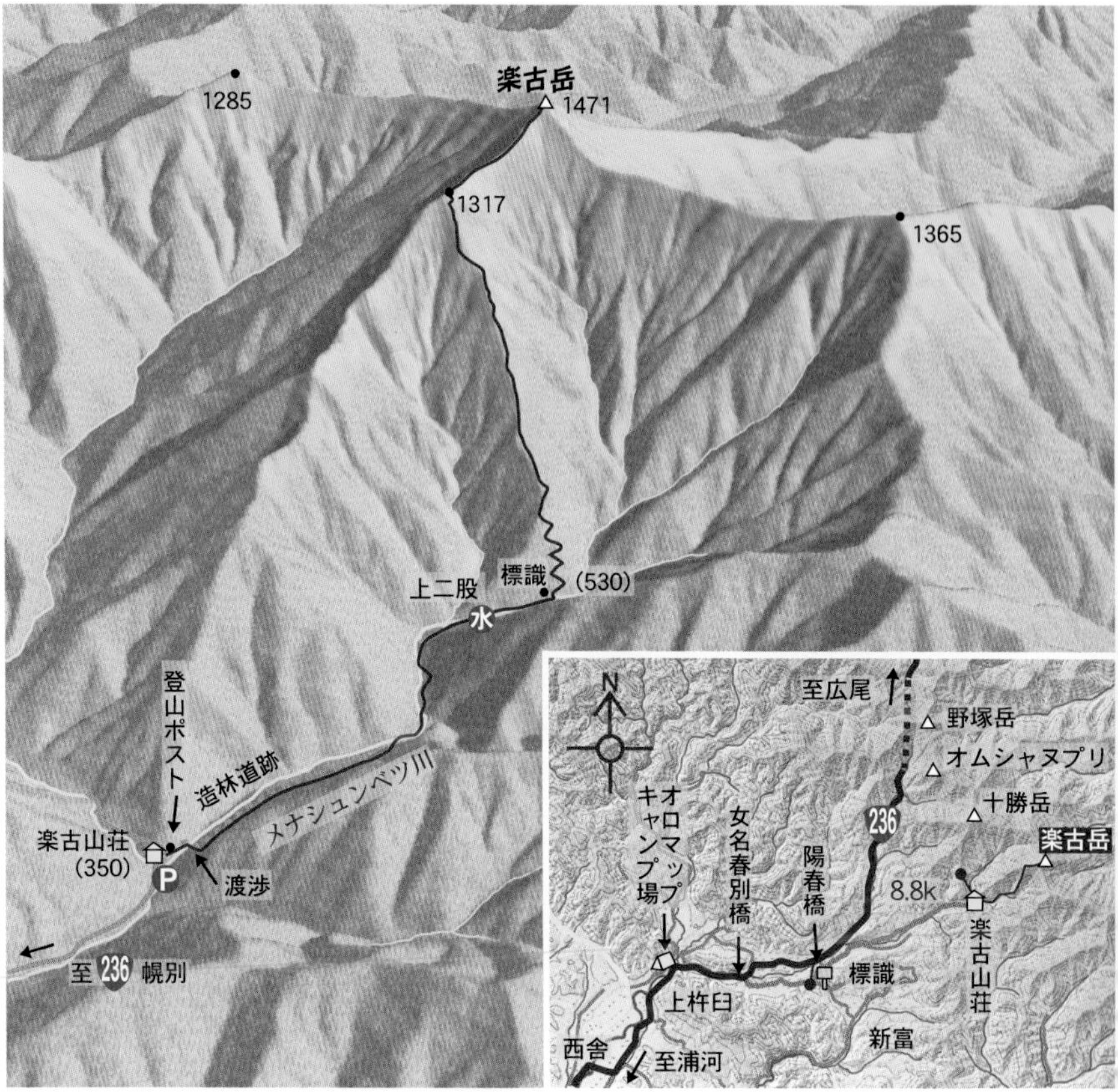

楽古山荘と広い駐車場

ことがあるので、事前に9ページの関係機関に問い合わせを。

■楽古山荘

201ページの囲み記事を参照。

■オロマップキャンプ場

国道236号西舎《にしちゃ》から道道746号に入り、日高幌別川右岸を約7キロさかのぼる。無料。

▼開設＝7〜8月

▼問い合わせ先＝楽古山荘（201ページ）に同じ。

最初の渡渉。長靴を用意してもいい

登山ポストのある登山口

被害のない所は美しい河畔林が広がる

■コースタイム（日帰り装備）

楽古山荘 1:00↓ 0:50↑ 上二股 2:30↓ 1:40↑ 楽古岳

標高差　約1120メートル
登り　3時間30分
下り　2時間30分

■ガイド（撮影　9月22日）

日高山脈の山らしく、前半は渡渉を繰り返しながら沢沿いの踏み跡をたどり、その後は急峻《きゅうしゅん》な尾根

荒れた河原の奥に山頂が見えた

メナシュンベツ川に沿って上二股へ向かう

部分的にササが深いが道は明瞭だ

尾根取付点の標識

を登る。日高の他の山に比べれば踏み跡も渡渉も分かりやすいほうだが、台風などの影響でかなり荒れたり状況が変わっているところがある。目印は随所についているので、見落とさないよう注意しながら行こう。

登山口は楽古山荘から道を挟んだ向かい側で登山ポストも設置されている。広い造林道跡に入るとすぐにメナシュンベツ川の渡渉となる。水量にもよるが場所を見極めればスパッツ装着の登山靴でも渡れるだろう。もちろん増水時は無理をしないこと。以前あったコンクリート製の飛び石は流失した。

造林道跡は対岸に続き、両側に若いシラカバが目立つなかを上流に向かう。600メートルほどで造林道跡は終わり、河畔林の歩道に入る。朝の斜光線が林床のコケとシ

肩を過ぎてほどなく山頂が見えてくる

基本的に終始、樹林帯の直登だ

1150ｍ付近から見上げる山頂(右奥)と肩(左)

ダに降り注ぎ、しっとりと美しい。

ところがほどなく状況は一変。随所で土石流の跡と根こそぎの流木が河原を埋め尽くし、大荒れの様相だ。当然、踏み跡も消えているが、目印のテープはまめについている。木々が無くなって開けた河原の先に見えるのは、この後登る急な尾根やその先の山頂だ。

この辺りから5回ほど渡渉を繰り返すが、通常は飛び石伝いに渡れるだろう。再び、美しい河畔林の中を歩くようになると上二股で、その先の「登山道取付」の標識を目印に尾根へと取り付く。

初めは急斜面をジグザグを切って登る。道は明瞭でしっかりしているがササはかぶり気味だ。ひと登りして尾根に乗ると直登となり、多少の緩急はあるものの、全般に急な傾斜で高度を稼ぐ。

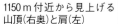

最後は太平洋を背に細い稜線を山頂へ。左下にメナシュンベツ川が見える

楽古山荘

登山口にある2階建ての無人小屋。トイレ、まきストーブ、炊事場あり。水は要煮沸。利用時は名簿に記帳のこと。

▶収容人員＝約40人

▶開設＝通年。無料

▶管理・問い合わせ先＝浦河町ファミリースポーツセンター☎0146-22-3953

山頂から南の展望。高度は下がってもまだ険しい

ピンネシリ(中央)とアポイ岳(左奥)

標高1100メートル付近で右手に稜線方面の展望が開け、大きな三角形のピークが目に入る。これは山頂の南にある1365メートル峰で通称ポン楽古岳と呼ばれるもの。楽古岳本峰はもう50メートルほど登ると見えるが、手前の1317メートル標高点、通称「肩」のボリュームが大きく、ピーク感に乏しい。

なおもジグザグと直登を繰り返しながらハイマツの出てきた急斜面を登り切るとその肩である。ここで進路は右に折れ、斜度が緩んで細い稜線上をたどるようになる。ハイマツや曲がったダケカンバを分けて進むことしばし、前方に見えてくるのはまさしくピラミッドといった感じの山頂だ。周囲に広がる展望を楽しみながら、キレのいいリッジを一歩一歩踏みしめれば、程なくその頂点に立つ。

山頂から北側の展望。沢筋に台風の爪痕が目立つ

東側、何本もの尾根の先に弧を描く太平洋の海岸線

北側に続く重厚な国境稜線。逆に南に向かって次第に高度を下げる山々。山頂で初めて展開する東側の十勝平野や太平洋も印象に残る景色だ。足元に目をやれば小規模ながらもお花畑が広がっている。

724m

横《よこ》山《やま》中《なか》岳《だけ》

新ひだか町三石蓬栄付近から

日高山脈主稜線からかなり西に位置し、北横山と南横山の中間にある山。とがったピークは山麓からも目立つ。これまで地形図にはその名が記されていなかったが、近年電子版（電子国土Web）に記載されるようになった。

ペテガリ岳以南の山々の好展望地だが、最近はやや木が伸び気味である。それでも旧三石町で唯一登山道のある山で、町民登山会の開催や定期的な草刈りの実施など、地元に愛されている山である。

三石コース
明るい尾根道から南日高の展望台へ

交通

JR日高線日高三石駅からタクシー（三石ハイヤー☎0146-33-2616、日曜休）を利用する。

次ページ地図の標識A地点を右へ

なお、日高線は災害運休のため鵡川―日高三石間は代行バスとなる。三石までは札幌発の道南バス「高速ペガサス号」（☎0143-45-2131）も利用できる。

マイカー情報

国道235号新ひだか町三石から道道534号に入り、約4・6キロ先の交差点を左折、日高中央広域農道に入る。そこから3キロ先で

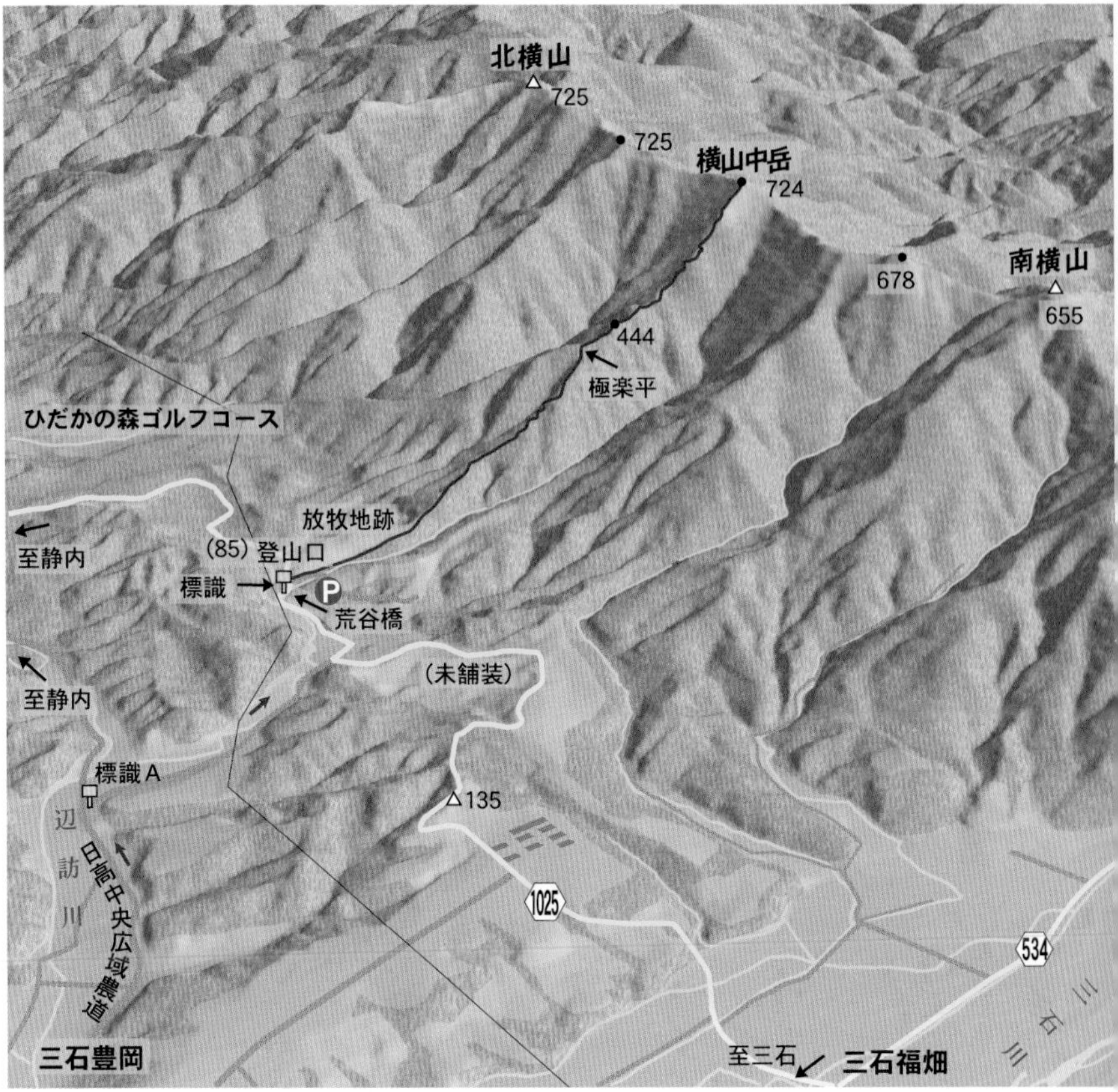

他車の邪魔にならないよう止めよう

「横山中岳」の控えめな標識に従って右の未舗装路に入り（上記地図の標識Ａ地点）、地図の通りに進む。道道１０２５号に合流して程なく、またも控えめな標識で右の枝道へ。２０

体力（標高差）	40点
登山時間加算	D
高山度（標高）	C
険　し　さ	D
迷いやすさ	D
総合点45点（初級）	

初めは放牧地跡を登る。早くも背後には展望が広がる

羽根突きの羽根のような実をつけるクサギ

放牧地上部から登山道へ

0メートルほど奥の道が分岐する辺りが実質的な登山口となり、付近にスペースを見つけて駐車する。3、4台駐車可能。

■**三石海浜公園オートキャンプ場**

三石市街から国道235号を東に約6キロ。道の駅みついしに隣接したオートキャンプ場。バンガローもあり。施設は充実しているが料金は高め。

▼開設期間＝4月下旬～9月

▼問い合わせ先＝三石海浜公園センターハウス☎0146－34－2333

■**コースタイム**（日帰り装備）

登山口 ―1:00↓ 0:40↑― 極楽平 ―1:00↓ 0:30↑― 横山中岳

獲得標高差　約660メートル

登り　2時間

下り　1時間10分

極楽平の先で根を張るシナノキの大木

真新しいヒグマの爪痕も……

低山とはいえ最後は侮れない急登だ

■ガイド（撮影 10月15日）

実質的な登山口となる駐車スペースを後に、Y字の分岐を左に入る。すぐに広い草斜面となり、その右側を登ってゆく。ここは以前、明るい放牧地で牛馬の〝落とし物〟も多かったが、今は休耕中のようでササや草が生い茂っている。それでも登るに従い、背後に蓬栄の市街地や海が広がり、吹き渡る風がなんとも爽やかだ。

登り詰めた所に登山口を示す標識があり、登山道は草を分けて入った先に続いている。林床はササに覆われ、所々深かったり倒木で分かりづらい所もあるが、要所に目印のテープがある。

やがて尾根上の明るい林の道となり、時折大きなミズナラなど見ながら歩く。この辺りはヤマツツジが多く、初夏には華やかに彩ら

山頂手前。放牧地跡（前ページ）から随分登ったことを実感

イドンナップ岳①に重なって幌尻岳②も

北北東にカムエク。手前はピセナイ山

れる。いっとき斜度が増して尾根の頭に出、これを右に折れると広く平たんな極楽平。ほぼ中間点の5合目にあたり、休憩にいい。

　思わず立ち止まるシナノキの大木を過ぎ、444メートルのコブを越えた先で2回ほど小さく下る。そこから頂上までは標高差300メートル弱。アキレス腱《けん》が悲鳴を上げそうな急な登りが続く。丈の低いササが茂っていることもあるが、コースは尾根筋をたどっているのでこ

ササが刈られた横山中岳山頂

山頂直下から南日高主稜線の展望。以前はもう少し左のペテガリ岳まで見えた

れを外さなければ大丈夫だ。

周囲に若いダケカンバが増え、右手の南横岳との鞍部《あんぶ》が低く見えてくれば、きつい登りもあとわずか。頂上からは南日高の山々のほか、かろうじてカムイエクウチカウシ山や幌尻岳も見える。

海に近くかすみがちなアポイ岳方面

810m

アポイ岳《だけ》

様似から

花の山といえばアポイ岳といわれるほど特産・希少の高山植物の豊富さで知られ、頂上付近の高山植物群落は特別天然記念物に指定されている。日高沖に発生する霧がつくる高山同様の寒冷な環境、またかんらん岩からなる特殊な土壌によるものだ。2015年には世界ジオパークに認定された。

アポイはアペ・オ・イ＝火のたくさんあるところで、昔、鹿が獲れるよう神に祈るために火をたいたことによるという。

冬島旧道コース

最も一般的なコース
花は存分に楽しめる

■交通

ＪＲ日高線様似駅からＪＲ北海道バス（☎０１４６-36-３４３２）襟裳岬方面行きで「アポイ山荘」または「アポイ登山口」下車。登山口まで山荘から徒歩5分、登山口バス停から徒歩20分程度。または様似市街からタクシー（日交ハイヤー様似営業所☎０１４６-36-２６１１）を利用する。

なお、日高線は災害運休のため鵡川-様似間は代行バスとなる。札幌発の道南バス「高速ペガサス号」（☎０１４３-45-２１３１）を利用し、浦河で代行バスまたはＪＲバスに乗り換えてもよい。

■マイカー情報

国道３３６号を様似市街からえりも方面に約４・５キロ走り、アポイ岳の大きな標識に従って左折する。アポ

体力（標高差）	40点
登山時間加算	D
高山度（標高）	C
険　し　さ	D
迷いやすさ	D
総合点45点（初級）	

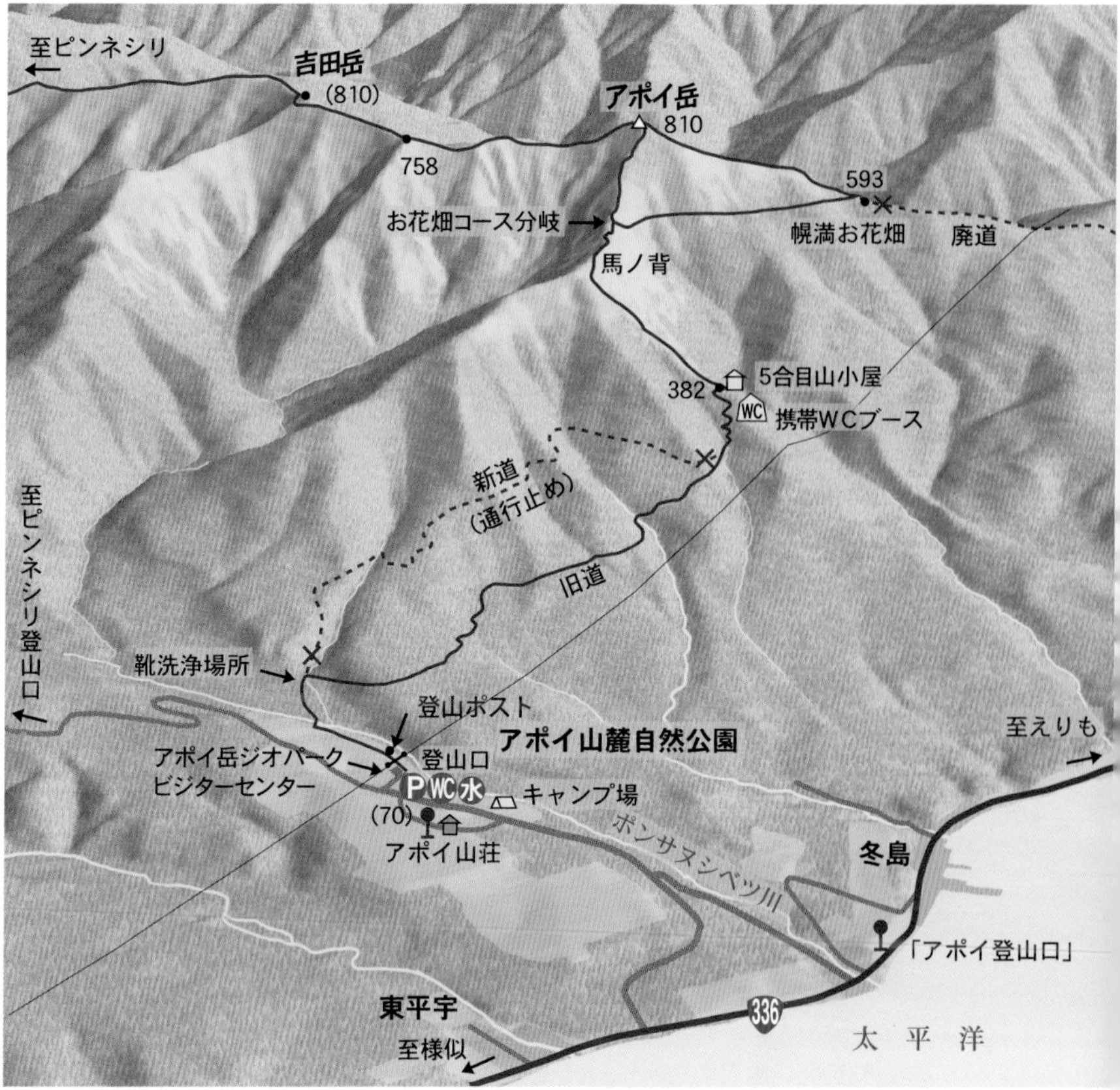

ビジターセンター奥の駐車場

イ山荘前を通り過ぎ、アポイ岳ジオパークビジターセンター前とその奥に広い駐車場がある。

■アポイ山荘

登山口近くの宿泊施設。素泊まり、日帰り入浴もできる。▼問い合わせ先＝☎０１４６－36－５２１１

そのほか様似市街に５軒の旅館などがある。（様似町商工観光課☎０１４６－36－２１１９）

小沢を使った靴洗浄場所

ビジターセンター裏が登山口

第４休憩所。５合目まで所々にベンチがある

序盤は林間の平たんな道

■アポイ山麓ファミリーパーク
キャンプ場

登山口手前に隣接する。バンガローあり。有料。

▼開設＝4月中旬～9月下旬
▼問い合わせ先＝☎０１４６−36−３６０１（アポイ岳ジオパークビジターセンター）

■コースタイム（日帰り装備）

登山口 1:30↓ 1:00↑ 5合目山小屋 0:30↓ 0:20↑ 馬ノ背 0:30↓ 0:20↑ アポイ岳

標高差　約７４０メートル
登り　2時間30分
下り　1時間40分

■ガイド（撮影　6月6日他）

花の見頃

アポイ岳の花の時期は5月から8月にかけてと長く、季節によって特産種、希少種の花が次から次

5合目から見上げる馬ノ背(左)と頂上(右)

国指定の天然記念物、キタゴヨウ

レンガ造りの5合目山小屋

と咲く。最初に季節ごとの主要な植物の花期を紹介しよう。

山開きとなる5月初旬からアポイタチツボスミレ、アポイアズマギク、サマニユキワリが咲き始め、中旬にはヒダカソウ、エゾキスミレ、エゾオオサクラソウ、ヒダカイワザクラなどが咲く。

6月にはアポイキンバイ、アポイゼキショウ、エゾコウゾリナ、アポイクワガタなど。

7月から8月にかけてはアポイマンテマ、サマニオトギリ、ヒダカトウヒレン、チシマセンブリ、エゾルリムラサキなどである。

ひと通りの植物を見るだけでも、季節を変えて何度も登らなければならないが、それだけ楽しみが多く登る価値もある山である。

旧道からアポイ岳へ

登山口はビジターセンターの裏

5合目の山小屋から馬ノ背へ。ヤマツツジも多い

森林限界を越えると海岸線の展望が開けてくる。突き出しているのは様似のエンルム岬

手。携帯トイレの回収ボックスも設置されている。ポンサヌシベツ川沿いの未舗装路をゆくと登山ポストと今咲いている花の案内板がある。道なりに進んでポンサヌシベツ川にかかる橋を渡り、200メートルほどで右折して旧道に入る。すぐの小沢は雑草の種子を持ち込まないための靴洗浄場所。配置されたブラシで靴底を念入りに洗う。

1合目を過ぎ、しばらく平たんな針広混交林を進んだ後に、斜面を横切るように少しずつ登りにかかる。5月にはエゾオオサクラソウ、ミヤマエンレイソウ、ミヤマハンショウヅルなどが咲く。また6月下旬から7月にかけてはハクサンシャクナゲも多く見られる。

沢のほとりの第4休憩所を過ぎ、3合目の標柱を見ると斜度が増して、左から通行止めとなった

馬ノ背から日高山脈主稜線の展望

アポイマンテマ(7月下旬)

アポイクワガタ(6月上旬)

アポイキンバイ(5月下旬)

新道が合流する。そこから谷地形の薄暗い針葉樹林をひと登りで、山小屋（避難小屋）と携帯トイレブースが設置された5合目である。

正面に馬ノ背から山頂への稜線が延び、足元には登山口の公園や太平洋が見える。5月下旬から6月上旬にはヤマツツジが尾根を赤く染め、アポイアズマギク、アポイタチツボスミレも咲く。さらに6月にはエゾコウゾリナ、7、8月にはイブキジャコウソウと季節ごとに違った花でにぎわう。取材時にはクマゲラの姿も見られた。

5合目を後に岩がゴツゴツとした急な尾根を登り、6合目を過ぎた所で森林限界となる。アポイアズマギク、ミヤマオダマキ、アポイクワガタ、ホソバトウキなどが次々と見られ、ついペースも落ち気味だ。これらの植物を育むのが、

馬ノ背からしばし平たんな尾根上をゆく

山頂への登りからピンネシリを望む。縦走プランは225ページへ

先ほどから露出している黄褐色のかんらん岩である。日高山脈ではチロロ岳や戸蔦別岳でも見られるが世界的には希少で、アポイ岳は簡単にアプローチできるのが特徴だ。

登り詰めて稜線に出たところは通称馬ノ背と呼ぶ。日高山脈南部の山々や、アポイ岳からピンネシリへの稜線がよく望まれる。ここからしばらくはチシマキンレイカ、エゾキスミレ、チングルマなどを見ながらの平たんな尾根歩き。やがて幌満お花畑への道を右に分けると、頂上に向かって露岩の急登が始まる。とはいえ、ここもミヤマオダマキ、チングルマ、サマニユキワリなどがにぎやかに咲き誇り、また背後には真っ青な海が広がって疲れを感じる前に登りきってしまうだろう。ハイマツ帯がダケカンバに変わると（通常は逆だが）、一等

祠が祭られた山頂

山頂付近で若いダケカンバ林に入る

アポイ岳ジオパーク ビジターセンター

世界ジオパークに認定されたことに伴い、以前のビジターセンターがリニューアルされた。アポイ岳の植物をはじめ、周辺も含めた地質などの詳しい展示物のほか、登山や開花の情報も得られる。

▶開館＝4～11月（期間内無休）。9～17時。入場無料

▶問い合わせ先＝☎ 0146-36-3601

三角点と祠《ほこら》が祭られた山頂だ。

木々に囲まれて展望はいまひとつだが、ピンネシリ方面に少し行くと楽古岳が見える。

アポイ岳のお花畑を維持するために

年間8000人ほどの登山者が訪れるアポイ岳。盗掘や踏みつけ、ハイマツの侵入、エゾシカの食害などにより、お花畑は昔に比べて随分貧弱になってしまった。地元有志による「アポイ岳ファンクラブ」では保護監視活動や登山道の整備に取り組み、研究者とともにお花畑の再生実験も行っている。

登山者もまた、この環境を守る意識が必要だ。コース外に立ち入らないことはもちろん、携帯トイレの携行と使用、ストックの先にゴムキャップをかぶせる、帰化植物の種子を持ち込まない、多人数で登らないなどを心掛けたい。

幌満お花畑。草原ではないので、いわゆるお花畑っぽい感じはない

馬ノ背の先の分岐、お花畑は右へ

幌満お花畑コース

衰退著しいお花畑から幌満岳を望みながら

■コースタイム（日帰り装備）

お花畑コース分岐 ―0・40↓ 0・40↑― アポイ岳
幌満お花畑 ―0・40↓ 0・30↑―

■ガイド（撮影　6月6日）

馬ノ背の先の分岐を右に入ると、見晴らしのよかったそれまでの道から見通しの利かない樹林帯をたどるようになる。高低差のないトラバース道だ。生えている木はほとんどがアカエゾマツで、林床を覆うコケが美しい。花は少なく単調な感を否めないが、エゾオオサクラソウは比較的多く鮮やかなピンクが薄暗い森に映える。

樹林帯を抜け出てハイマツ斜面となると尾根上のお花畑はすぐ先だ。もっともお花畑といっても目立つのは主にアポイアズマギクで、かつて群生していたヒダカソウは「見られたらラッキー」というレベルまで減ってしまった。原因は繰り返された盗掘に加えてハイマツなどの侵入もあるという。実際、お花畑の規模もハイマツが増えてだいぶ小さくなっているようだ。

それでも、何も生えていないよ

これらの山々を最後に山脈は襟裳岬に沈む

ヒダカソウ。取材時は運良く1株だけ巡り合えた

お花畑の上から山頂方面を見上げる

うな裸地にも小さな芽生えがある。くれぐれもコースから外れないようお願いしたい。なお、以前ここから幌満に下っていたコースは、2006年に閉鎖された。

道はここで左に折り返すように曲がり、頂上に向かう。多少の緩急をつけながらまっすぐ北上する尾根道だ。左手は若めのダケカンバが密生して展望はないが、右手はハイマツやササ斜面で豊似岳やオキシマップ山、ルチシ山など日高山脈最南部の山がよく見える。またチシマザクラが多く、5月から6月はお花見も楽しめるだろう。ただし、ササ原にはダニが多いので時々ウエアに付いていないかチェックしよう。

やがて右側もダケカンバが増えてくると、旧道コースを登ってきた人たちでにぎわう頂上である。

958m

ピンネシリ

様似町の海岸から

日高国境稜線から離れたアポイ岳と同じ山塊の北端に位置する山。遠くからもすっきりした円錐《えんすい》形の山頂部が望まれ、縦走路もある。アポイ岳と同じかんらん岩からなり、共通する植物が多い割に訪れる人も少ないのでじっくり花を楽しむには良い山だ。

ピンネ・シリは「男・山」の意味。各地にある同名の山はマチネ・シリ「女・山」とセットとなっているが、ここの場合はどの山が「女・山」なのだろう。

北尾根コース

南日高の展望と花の稜線へ

■交通

最寄りのバス停はアポイ山荘（210ページ参照）だが、登山口まで約17キロある。JR日高線様似駅からタクシー（日交ハイヤー様似営業所☎0146-36-2611）を利用するのが現実的だ。

なお、日高線は災害運休のため鵡川—様似間は代行バスとなる。札幌発の道

体力(標高差)	35点
登山時間加算	D
高山度(標高)	C
険　し　さ	D
迷いやすさ	C
総合点40点（初級）	

登山口は林道の峠。登山ポストもある

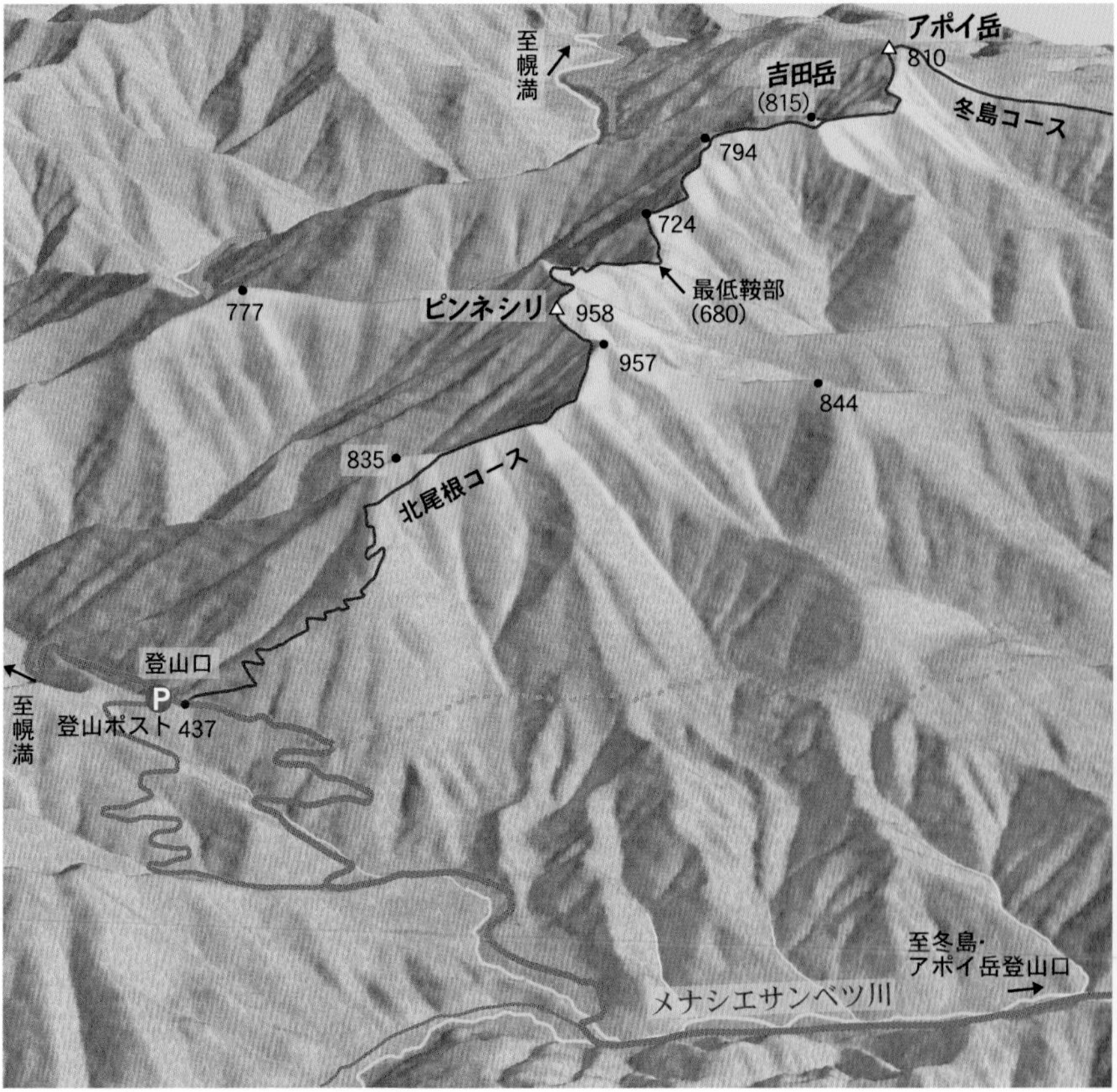

南バス「高速ペガサス号」（☎0143-45-2131）を利用し、浦河で代行バスまたはJRバスに乗り換えてもよい。

■マイカー情報

アポイ岳登山口からアクセスする。そこまでは「アポイ岳」（210ページ）参照。ジオパークビジターセンター入り口から山に向かう町道に入り、細い舗装路を進む。約12キロで様似市街と幌満湖を結ぶ未舗装の林道に突き当たり、これを右折してメナシエサンベツ

初めは歩きやすい樹林帯の道

835ｍコブ下の斜面に出ると展望が広がる

957ｍピークの先に頂上を見ながら稜線直下をたどってゆく

川沿いに道なりに進む。途中から山道となり、約5キロで登山口のある437メートル標高点の峠に着く。路面は少々雨裂もあるが、慎重に走れば普通乗用車で通行可能。4、5台分の駐車場あり。道路状況の問い合わせは様似町建設水道課（☎0146-36-2115）まで。

■**宿泊施設、キャンプ場**は「アポイ岳」（210ページ）を参照のこと。

■**コースタイム**（日帰り装備）

登山口 —1:10↓ 0:40↑— 835メートルコブ先の稜線 —1:00↓ 1:00↑— ピンネシリ

標高差　約520メートル

登り　2時間10分

下り　1時間40分

■**ガイド**（撮影　10月16日）

登山ポストのある登山口を出発し、まずは若いダケカンバ林の中を大きく折り返しながら登ってい

随所で日高山脈南部の展望が広がる。957mピーク付近から

とがって見えるピンネシリだが、実は南北に長い

く。程なくいったん斜度が緩むが、周囲がトドマツ林に変わると再び傾斜が増してくる。所々踏み跡は薄く、紛らわしいシカ道があったりするのでよく確認しよう。

　標高７００《メートル》手前で尾根に出ると、早くもハイマツが出現する。南日高の山並みが望まれ、楽古岳のとがったピークが目立つ。

　やがて尾根を外れて右手の北西斜面に移り、８３５《メートル》コブの下をトラバースしながら登る。その先で稜線を乗り越えて南東斜面に入り、稜線下をたどってゆく。ピンネシリは三つのピークからなるが、行く手には手前の９５７《メートル》ピークと頂上が姿を見せている。

　９５７《メートル》ピークは東側を、山頂は西側を巻くため、見た目ほどの起伏はない。加えて右に左に、前に後ろにと随所で違った展望が開

山頂下をトラバースする。背後は957ｍピーク

140ｋｍに及ぶ日高山脈が、南端の襟裳岬で海へと沈んでいく

け、実にごきげんな山歩きだ。

山頂下をトラバースで通過し、南側の稜線に出た所で折り返すように分岐する踏み跡に入る。ハイマツを分けてこれをたどれば、ピンネシリの山頂に着く。

北側はハイマツに囲まれてすっきりとしないが、他の3方はよく見渡せる。とりわけ日高山脈最南部の山々が襟裳岬へと沈んでゆく様子が感慨深い。

北側がハイマツに遮られた山頂

明るい林を下って最低鞍部へ

アポイ岳に向かって縦走スタート

ピンネシリ・アポイ岳縦走コース

日帰りで楽しめる花と展望の縦走路

■コースタイム

ピンネシリ ―1・40↓ 1・50↑― 吉田岳 ―0・50↓ 1・00↑― アポイ岳

往路　2時間30分
復路　2時間50分

■ガイド（撮影　10月16日）

日高山脈の縦走はほとんどがベテラン向きのハードなものであるが、本コースは唯一の一般向け縦走路といえる。この地域ならではの花と南日高の展望を楽しみ、充実感、達成感も得られるいいコースだ。喧騒《けんそう》のアポイ岳に比べて訪れる人が少ないのもうれしい。

行程は下山後に公共交通機関が使えることを考え、ピンネシリからアポイ岳に向かうのがおすすめだ。ここでもそのようにガイドする。もちろん車2台を使えればどちら方向でもよく、より効率的だ。

ピンネシリまでは前項を参照のこと。山頂からハイマツの尾根を下り、南側のピークも西斜面をトラバースして通過する。時折ジグザグを切りリシリビャクシン（ミヤマネズ）、ミヤマビャクシンの

ピンネシリを背に縦走路のほぼ中間地点、724ｍ標高点付近をゆく

多いハイマツの尾根を下る。
８１３《メートル》標高点手前で樹林帯に入ると、林床は草付きからミヤコザサに変わる。明るいダケカンバ林で気持ちはいいが、この辺りは日高の山でも指折りといっていいほどマダニが多い。

下りきった所が縦走路中の最低鞍部《あんぶ》で標高は約６８０《メートル》。登りに転じると程なく露岩とハイマツ、ハクサンシャクナゲの道となり、７２４《メートル》標高点を越えると前に吉田岳、背後にピンネシリを望むようになる。コース中、最も縦走気分が味わえる区間といえよう。

７９４《メートル》標高点への登りからかんらん岩地帯に入り、コース脇には踏み込み防止のロープが張られている。すなわちお花畑であり、ヒメシラネニンジン、ヒダカイワザクラ、サマニユキワリ、ミヤマ

オダマキなどが見られるほか、ヒメエゾネギも多いところだ。

正面にきれいな三角錐《すい》を描くのは吉田岳である。地形図には山名も標高も記載がないが、７９４《メートル》標高点と７５８《メートル》標高点の間にあり、標高８１５《メートル》とアポイ岳より

立派な標柱が立つ吉田岳

お花畑のサマニユキワリ(6 月上旬)

吉田岳からアポイ岳へはかんらん岩の岩稜が続く

アポイ岳手前の岩場

わずかに高い。アポイ岳からここまで足を延ばす人も少なくない。

山頂は北側を回り込み、アポイ岳寄りの分岐から登る。いつしかピンネシリが随分遠くなっていることに気づくだろう。南に見える山肌の露頭は、製鉄などに使うかんらん岩の採石場である。

吉田岳からは小さな起伏を繰り返しながら、かんらん岩の岩稜を縫うように進む。特に危険な箇所はなく、ヒダカイワザクラなど岩れきに咲く花が多いところだ。

758メートル標高点の先のコルを過

アポイ岳への最後の登りから吉田岳とピンネシリを振り返る

ぎ、大きな岩の横を抜けてアポイ岳山頂部の登りにかかる。冬島旧道コースと同様、ここもハイマツがダケカンバに変わると頂上である。その直前、今一度来し方を振り返れば、吉田岳に重なって遠くピンネシリが頭をのぞかせている。じんわりこみ上げてくる達成感を胸に下山の途に就こう。

　下山は「アポイ岳」（210ページ）を参考にしてほしい。

アポイ岳に到着。あとは下るだけ

あとがき

本巻は8年ぶりの改訂である。当初は2018年の改訂を予定していたが、16年夏の連続台風による被災で、大幅な取材計画と編集作業の見直しを余儀なくされることになった。結果、2年の延期を経ての改訂となった次第だ。いまだ詳細な状況や復旧の見通しが把握できない山もあるものの、現時点で可能な限りの情報提供を心がけたつもりである。

今回の改訂では入山に何らかの支障がある山を「入山に注意を要する山」「入山困難な山」として紹介した。特に後者は被害の大きさに加え、復旧工事中だったり駐車場がないなどの問題もある。これらの山への登山はオウンリスクが前提であることはもちろん、周囲への配慮も含めて慎重に検討されたい。

また、本改訂を機に削除せざるを得なかった山がいくつかある。まず、沙流岳は長い林道の序盤で落橋し、当面復旧の見込みがないそうだ。登山道の荒廃が進んでいたポンヤオロマップ岳も、不通の林道を含めて整備の見込みがないため削除した。リビラ山は登山道整備をしてきた「里平の自然に親しむ会」が高齢化に伴い解散、今後も整備は行わないそうだ。

一方、いいニュースもある。激しく茂っていたペケレベツ岳、久山岳のササやハイマツが地元有志によって刈り払われ快適に登れるようになった。十勝側の手ごろな山としてありがたいことだ。また、林道が不通ながらも伏美岳の整備を続けている芽室山岳会、幌尻岳新冠コースなどの整備を行う新冠ポロシリ山岳会にも敬意を表したい。

旧版から約40㌻減って見た目も薄くなったが、なんとかまだ日高山脈だけで1冊にまとめることができている。次回の改訂では少しでもページ数を戻せるよう、各地の復旧を祈りたい。

2020年4月　併せて新型コロナウイルス終息も祈る春に。 著者一同

取材協力（敬称略）

菅原規仁、畑正武、新冠ポロシリ山岳会、取材にご同行・ご協力いただいた皆さん

参考文献

俵　浩三・今村朋信編『アルパインガイド北海道の山』（山と溪谷社）1971

季刊『北の山脈』1～40号　1971～1980

大内倫文・堀井克之編『北海道の山と谷』（北海道撮影社）1977

高橋　誼著『日高山脈の高山植物』（自費出版）1979

柏瀬祐之ほか編『日本登山大系①北海道・東北の山』（白水社）1980

本多　貢著『雑学北海道地名の旅』（北海道教育社）1982

今村朋信編『アルペンガイド北海道の山』（山と溪谷社）1983

山田秀三著『北海道の地名』（北海道新聞社）1984

菅原靖彦著『北海道ファミリー登山』（北海タイムス社）1985

高橋　誼著『アポイ岳の高山植物』（様似観光開発公社）1985

兼本延夫著　写真集『神々の彩』（京都書院）1987

高橋　誼著『幌尻岳の高山植物』（平取町商工観光課）1990

梅沢　俊著『山溪山岳写真選集・日高連峰』（山と溪谷社）1993

梅沢　俊著『山の花図鑑・アポイ岳・様似山道・ピンネシリ』（北海道新聞社）1995

梅沢　俊著『アルペンガイド北海道の山』（山と溪谷社）2001

梅沢　俊・伊藤健次著『新版　北海道百名山』（山と溪谷社）2003

梅沢　俊著『山の花図鑑・夕張山地・日高山脈』（北海道新聞社）2004

亜璃西社編『北海道キャンプ場ガイド19-20』（亜璃西社）2019

梅沢　俊著『北の花名山ガイド』（北海道新聞社）2012

本書の地図作成にあたっては、次のものを使用しました。

（1）山旅倶楽部の地図データ

（2）国土地理院の地図データ

（3）基盤地図情報　数値標高モデル10メートルメッシュ（標高）

（4）カシミール3D（杉本智彦氏・作、https://www.kashmir3d.com/）

著者紹介（五十音順）

梅沢　俊
（うめざわ　しゅん）

1945 年札幌市生まれ。道内の野生植物の撮影・研究を続け、最近はヒマラヤで花探しも。著書に『北海道の草花』『新版北海道の高山植物』『山の花図鑑シリーズ』『北の花名山ガイド』（北海道新聞社）、『新北海道の花』『北海道のシダ入門図鑑』（北海道大学出版会）、『北海道百名山』（山と溪谷社）など。北大山とスキーの会所属。

菅原　靖彦
（すがわら　やすひこ）

1943 年札幌市生まれ。岩登り、沢登り、冬山と全方位の登山を実践。著書に『札幌から日帰りゆったりハイキング』（北海道新聞社）などがあるほか、『北海道スノーハイキング』『北海道雪山ガイド』などの編集に携わってきた。北海道の山メーリングリスト所属。

長谷川　哲
（はせがわ　てつ）

1964 年長野県生まれ。山と溪谷社で『山と溪谷』『Outdoor』などの雑誌編集に携わったのち、北海道に移住しフリーライターとなる。現在は『山と溪谷』『岳人』などの山雑誌を中心に執筆中。著書に『北海道 16 の自転車の旅』『北海道夏山ガイド特選 34 コース』（北海道新聞社）ほか。北海道の山メーリングリスト所属。

最新第 3 版　**北海道夏山ガイド④　日高山脈《ひだかさんみゃく》の山々《やまやま》**

1991 年 4 月 25 日　初版 1 刷
1991 年 6 月 20 日　初版 2 刷
1994 年 4 月 5 日　増補改訂版 1 刷
2005 年 6 月 7 日　最新版 1 刷
2012 年 5 月 30 日　最新第 2 版 1 刷
2020 年 6 月 13 日　最新第 3 版 1 刷

著　者　梅沢　俊／菅原　靖彦／長谷川　哲
発行者　五十嵐正剛
発行所　北海道新聞社
〒060-8711 札幌市中央区大通西 3 丁目 6
出版センター（編集）☎ 011-210-5742
出版センター（営業）☎ 011-210-5744
印　刷　㈱アイワード

落丁・乱丁本はお取り換えいたします
ISBN978-4-89453-992-1

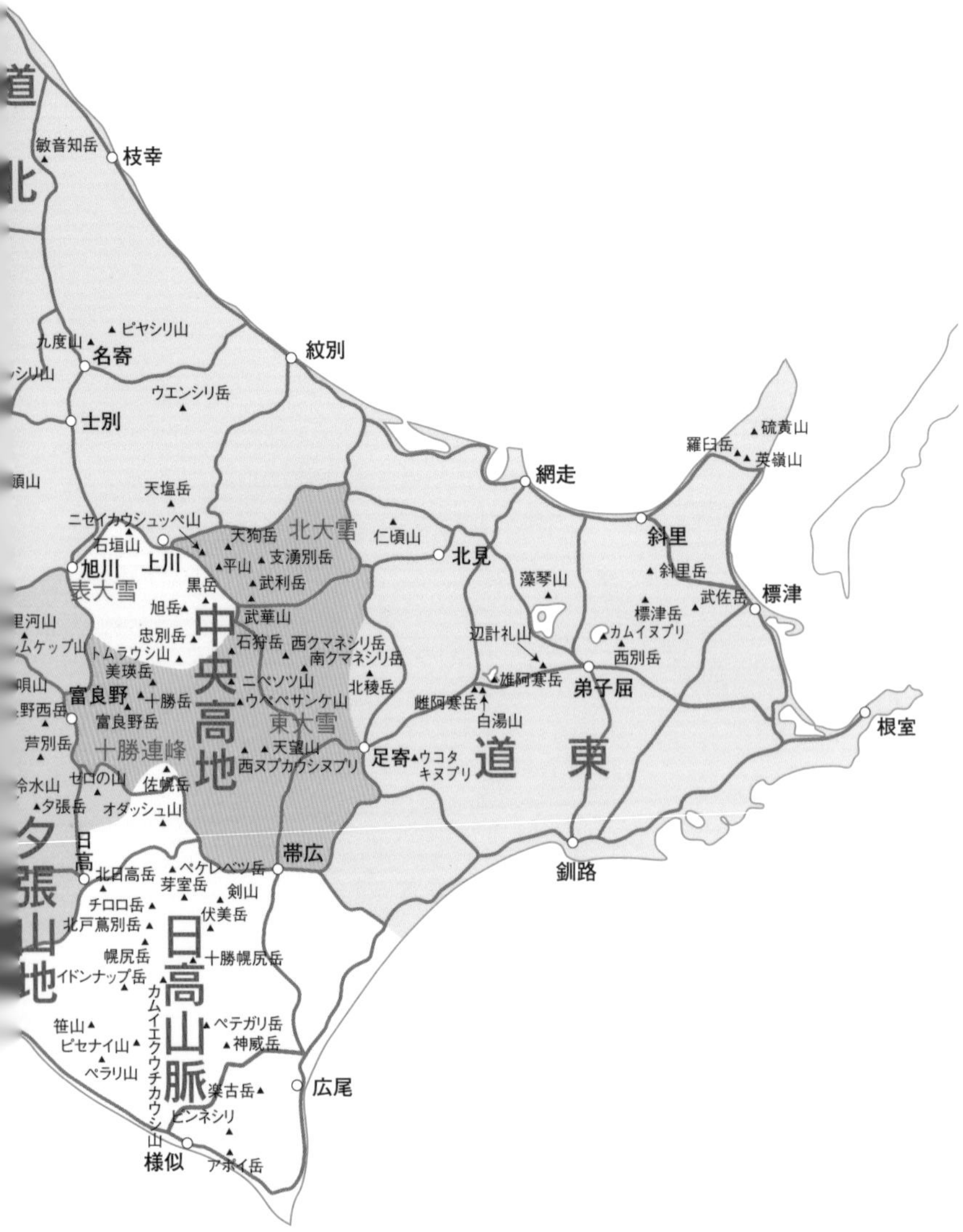
道
北
敏音知岳
枝幸
ピヤシリ山
九度山
名寄
紋別
ウエンシリ岳
士別
硫黄山
羅臼岳
英嶺山
網走
天塩岳
ニセイカウシュッペ山
石垣山
上川
天狗岳
北大雪
仁頃山
斜里
平山
支湧別岳
北見
旭川
表大雪
黒岳
武利岳
藻琴山
斜里岳
標津
旭岳
武華山
中央高地
標津岳
武佐岳
忠別岳
石狩岳
西クマネシリ岳
辺計礼山
カムイヌプリ
トムラウシ山
南クマネシリ岳
西別岳
美瑛岳
ニペソツ山
北稜岳
雄阿寒岳
弟子屈
富良野
十勝岳
ウペペサンケ山
雌阿寒岳
白湯山
富良野岳
東大雪
根室
芦別岳
十勝連峰
天望山
足寄
ウコタキヌプリ
道東
西ヌプカウシヌプリ
ゼロの山
佐幌岳
夕張岳
オダッシュ山
夕張山地
日高
帯広
釧路
北日高岳
ペケレベツ岳
芽室岳
剣山
チロロ岳
伏美岳
北戸蔦別岳
日高山脈
幌尻岳
十勝幌尻岳
イドンナップ岳
カムイエクウチカウシ山
笹山
ペテガリ岳
ピセナイ山
神威岳
ペラリ山
楽古岳
広尾
ピンネシリ
様似
アポイ岳